바라본 후에
다스리는 마음

바라본 후에 다스리는 마음

수아지크 미술로 지음

이현희 옮김

바라본 후에
다스리는 마음

발행일
2024년 1월 20일 초판 1쇄

지은이 | 수아지크 미슐로
옮긴이 | 이현희
펴낸이 | 정무영, 정상준
펴낸곳 | (주)을유문화사

창립일 | 1945년 12월 1일
주소 | 서울시 마포구 서교동 469-48
전화 | 02-733-8153
팩스 | 02-732-9154
홈페이지 | www.eulyoo.co.kr

ISBN 978-89-324-7502-8 03180

* Cet ouvrage, publié dans le cadre du Programme d'aide à la Publication Sejong,
  a bénéficié du soutien de l'Institut français de Corée du Sud - Service culturel de
  l'Ambassade de France en Corée.
  이 책은 주한 프랑스대사관 문화과의 세종 출판 번역 지원 프로그램의 도움을 받아
  출간되었습니다.

AMBASSADE
DE FRANCE
EN CORÉE
Liberté
Égalité
Fraternité

주한
프랑스
대사관

문화과

한국어판을 펴내며

이 책을 쓰면서 한국이라는 나라에 대해 종종 떠올렸습니다. 한국의 명상 문화, 그리고 지리상 아득히 멀면서도 동시에 제 마음, 이 책의 의도와는 또 매우 가깝게 느껴지는 한국의 예술 공간들에 대해서도 자주 생각했습니다. 특히 명상, 성찰, 사색의 장소로 설계된 예술적 공간, '뮤지엄 산'을 떠올려 봅니다. 뮤지엄으로서는 처음으로 예술(특히 제임스 터렐의 작품), 명상(명상관), 자연(물, 돌, 꽃밭)을 한곳에 담은 귀한 공간이지요. 건축가 안도 다다오는 이곳을 "자연과 인간이 하나 되는 곳, 자연과 늘 함께 살고 있다는 느낌을 주기 위해 고안"했다고 설명합니다. 이 뮤지엄처럼, 보살핌의 공간처럼, 속도와 성과 중심주의, 실용주의에 다친 마음을 치료하고자 이 책을 쓰게 되었습니다.

이번 한국어판 출간 소식에 매우 기쁩니다. 행복한 독서의 시간을 보내시기를 바랍니다.

2023년 8월 파리에서
수아지크 미슐로

일러두기

• 인명, 지명 등의 외래어 표기는 기본적으로 국립국어원의 외래어 표기법을 따랐으나, 일부 관계로 굳어진 표기는 예외로 두었다.
• 책·잡지·신문 등은 『 』 책이나 잡지 속 글은 「 」 미술·음악 작품, 영화, 다큐멘터리, 라디오 프로그램 등은 〈 〉로 표기했다.
• 본문의 각주는 모두 저자 주다.

들어가며

만약에 예술, 그중에서도 그림 속에 명상의 세계를 설명해 주는 보물이 넘쳐 흐른다면 어떨까? 내가 직접 경험한 마음챙김 수련에서 출발해 한 점 한 점 작품을 고르고, 이렇게 선택된 것들을 한 권의 책에 전부 모아 담을 수 있지 않을까?

수도자들은 순례길 위에서 시를 읊었고 은자들은 즉흥적으로 노래를 지어 부르거나 그림이나 서예에 몰두하면서 명상을 했다. 명상은 눈에 보이는 것과 보이지 않는 것, 물질과 비물질 사이 빈 곳에 위치하는 내면의 운동이므로 이를 이해하기 위해서는 매개 장치가 필요한 법이다. 예술 작품이 바로 그런 역할을 한다.

명상을 예술에, 혹은 예술을 명상에 접근시킨 이 책은 둘 사이의 대화를 위한 시도이자 탐구다. 애초에 은밀하고도 긴밀하게 연결되어 있던 이 두 분야를 다시 맺어 주고자 하는 하나의 모색쯤으로 봐도 좋을 것이다. 과학이나 개념이 아니라 감각적 경험을 통해 명상의 길에 함께 오르자는 초대장이기도 하다.

종교적 편견 없이 마음챙김에 다가가기

첫 만남에서부터 나는 명상에 푹 빠졌다. 처음 참석한 명상 모임에서 그것이 나에게 딱 맞는 옷이라는 걸, 내 남은 인생에 명상이 아주 중요한 영향을 미치리라는 걸 직감할 수 있었다.

그전까지 천문학, 예술, 식물학, 사회학 또는 신경 과학 등 이런저런 분야에 산만하게 흩어져 있던 관심사들이 이때부터 인식의 관찰이라는 한 가지에 집중되기 시작했다. 그리고 정신의 현상학이라고 부르기도 하는 이 과학이 사실은 아주 가까운 곳, 내 눈꺼풀 바로 밑에 웅크린 채 늘 존재해 왔다는 걸 알게 되었다. 두 눈을 감고 나의 내면을 바라보는 것으로 충분하다. 아주 가만가만히.

그날로 나는 미술사와 영화에 대한 공부를 접고 훌쩍 길을 떠났다. 전통 불교 사찰에서 지낼 요량이었다. 천성이 불안감이 많은 나에게는 마음의 혼란을 가라앉혀 줄 마법의 열쇠 같은 게 필요할 것 같았다. 가뜩이나 무질서한 이 세상에 마치 숟가락 하나 더 얹듯이 나의 지극히 개인적인 무질서까지 보태고 싶지는 않다는 바람, 그리고 나 자신을 더 잘 이해하고, 궁극적으로는 타인을 더 잘 이해하고 싶다는 열망이 나와 함께했다.

당시만 해도 3년여의 안거 수행*을 포함, 그 불교 사찰에서 7년의 세월을 보내리라고는 꿈에도 생각하지 못했다. 3년 3개월 하고도 3일 동안 서원을 하고, 티베트어 해독과 경전을 공부했다. 단어 하나의 의미를 파악하고 집중 명상을 하는 데 몇 시간을 오롯이 바치는 날도 있었다.

번듯한 학위가 주어진 것은 아니었으나, 이 3년여의 안거 수행을 포함해 사찰에서 보낸 7년이 수년 동안 매달린 학문의 세계와 다르지 않다는 걸 나는 몹시도 잘 알고 있다.

비록 오랜 시간을 사찰에서 보냈으나 불교 신자라는 호칭 앞에서 나는 마음이 썩 편하지 않다. 솔직히 말하자면 나는 신비주의자도 신자도 아니다. 나에게 믿음이 없다는 뜻이 아니다. 내 마음속에는 인간의 본성과 사물의 흐름에 대한 믿음이 있다.

------

* 티베트 불교에서 장차 라마라고 부르는 스승이 될 신도들을 대상으로 3년 동안 진행하는 안거 수행은 지혜와 연민을 키우기 위해 한동안 속세에서 벗어나는 생활을 뜻한다. 열네 명의 다른 여성들과 함께한 나의 수행은 단체 명상 시간과 혼자만의 시간으로 구성되었다.

스물여덟 살이 되던 해에 나는 모험을 끝냈다. 머리카락˙도 국민 건강 보험도 사람들 앞에 내세울 만한 직함도 없었지만, 내게는 인간의 마음에 대한 약간의 지식이 쌓였다. 불교의 개념인 '내면 바라보기'˙˙를 성실히 섬기지만, 이를 실천하는 방식은 이전과 달라졌다. 명상은 여전히 내 삶의 중심을 차지했고, 나는 7년 동안 경험한 명상을 '세상 속에서' 실천하고 일상 속에서 시험해 보고 싶어졌다.

다시 파리로 돌아온 나는 지체 없이 특수 교육 관련 학위를 취득하고, 의료 사회 복지 분야에서 일하면서 가정도 꾸렸다. 그리고 2008년, 존 카밧진˙˙˙의 연구와 그가 만든 MBSR 프로그램을 접하게 되었다. 마음챙김의 비종교적 접근 방식을 내세우는 이 프로그램이 의료 분야에까지 널리 퍼져 있다는 사실에 호기심이 일면서도 이 새로운 개념 앞에서 여전히 회의적이고 조심스러웠던 것도 고백해야겠다. 장장 7년 동안의 사찰 생활과 배움을 마친 나로서는 이들이 제안하는 8주 프로그램이 과연 진지한 것인지 의심스럽기도 했다.

그럼에도 나는 경험해 보기로 결심했다. 내가 거기서 발견한 것은 그간 적잖이 우려했던 영적 유물론의 형태와는 거리가 멀었다. MBSR 프로그램의 접근성과 훌륭한 내용은 오히려 깊은 감동을 주었다. 이 수평적이고 참여 중심적인 교수법을 나 또한 누군가에게 가르치고 싶다는 욕망이 참으로 자연스럽게 생겨났다. 수직적 서열이 매우 뚜렷한 전통 불교 사찰에서 오랜 시간을 보낸 내가 곧 새로운 언어, 새로운 문화에 익숙해지기까지는 그리 오래 걸리지 않았다.

˙ 외모, 물질 등 세속적 집착에 대한 포기의 상징으로 사찰에서는 머리를 아주 짧게 자른다.

˙˙ 티베트어로 불자佛子를 낭파nangpa라고 하는데, 이 말은 '자기 안을 들여다보는 사람'이라는 뜻이다.

˙˙˙ Jon Kabat-Zinn(1944~). 매사추세츠공대 명예 의학 교수이자 분자 생물학 연구자. 1979년에 MBSR Mindfulness Based Stress Reduction 프로그램을 만들었고 이 명상의 대중화에 기여했다.

새로운 문화란, 스승과 제자의 수직 관계가 아니라 모든 인간이 같은 방식으로 참여하는 관계였다. 한번 익숙해지자 가속도가 붙기 시작했고, 나는 명상의 불교적 기원을 부정하지 않으면서 이를 우리의 문화 코드와 현대 지식에 적용하고, 다르마*를 비종교적인 방법으로 구분할 수 있게 되었다. 이렇게 어느덧 MBSR과 MBCT** 프로그램이 끝났다.

지금의 나는 성인, 학생, 청소년을 대상으로 마음챙김을 강의하고 있다. 그리고 병원에서 환자와 간병인의 마음챙김 길잡이 역할도 한다. 이런 일들은 나에게 전통 명상과 그것의 현대적 적용을 함께 체험하게 해 준다.

프로젝트의 출발점

자료

작품 수집은 명상 수련을 마치고 세상으로 돌아오고 나서부터 시작되었다. 여기에 딱히 목적이 있었던 건 아니다. 컴퓨터 바탕 화면에 두서 없이 만들어 놓은 이미지 자료 모음 폴더가 숨을 죽이고 있었다. 어느 날, 이를 본 친구가 이렇게 물었다. "그나저나 말인데, 너라면 명상을 어떻게 표현할 거야?"

그러니까 이 프로젝트는 바로 이 질문에서 시작되었다.

전부 다른 시대와 문화권, 지역에 속한 것이었으나 그동안 수집해 온 이미지 자료들에는 한 가지 뚜렷한 공통점이 있었다. 저마다 방법은 다를지 몰라도 나에게 마음과 명상의 세계를 알게 해 준 작품들이라는

것이다. 이 사실을 깨달은 순간 가슴이 걷잡을 수 없이 뛰던 일을 나는 지금도 기억한다. 그때부터 뒤죽박죽 두서없이 모아 두기만 한 자료들을 부랴부랴 분류하고 메모하기 시작했다. 오래지 않아 아주 자연스럽게 이런저런 의문들이 찾아왔다. 어떤 그림들을 통해서 우리는 명상의 과정을 이해할 수 있을까? 눈에 보이지 않는 세계를 볼 수 있게 해 주는 방법은 뭐지? 내 마음과의 만남, 내 감정을 비로소 마주할 때의 모습을 어떤 식으로 표현할 수 있을까? SNS 등에서 마주치는 번듯하고 차분한 이미지들이 명상의 진짜 얼굴일까? 그게 아니라면 나는 무엇을 보여 주어야 하는 걸까? 자기계발 분야나 뉴로마케팅이 추천하는 이미지들 말고, 뭔가 다른 실마리가 될 수 있는 그림들은 없을까?

　궁극적으로, 우리의 경험 세계를 풍성하게 해 주고 지속적인 명상을 돕는 시각적 양식을 찾아야 했다.

상상의 박물관

그동안 수집한 이미지들을 자유롭게 배열해 보기 시작한 데는 프랑스 작가 앙드레 말로의 작품 『상상의 박물관』*의 영향이 컸다. 서서히 고전 회화나 사진, 건축이나 거리 예술, 16세기 또는 21세기의 시각 자료들이 지금까지 알던 것과는 다른 새로운 말들을 가져다주기 시작했다.**

---

* 　1952년에서 1954년 사이 프랑스 갈리마르 출판사에서 출간한 앙드레 말로의 에세이집 『상상의 박물관』은 전 세 권으로 구성되며, 각 권당 백여 편의 작품이 수록되어 있다. 작가이기 이전에 도판 전문가이자 편집인이었던 앙드레 말로는 이미지와 텍스트의 대화, 그리고 이미지들끼리 나누는 대화를 완성하여 창작 예술의 독창적이고 시적인 비전을 제공하는 데 관심이 많았다. 이를 위해 말로는 작품들을 맥락과 시간에서 떼어 내고 예술을 시각적 화해와 대결로서 다루었다. 이런 작업을 거쳐 새롭게 탄생한 배치 방식이 원작의 온전한 깊이와 아우라를 되살려 준다는 말로의 확신에서 비롯된 작업이었다. 「L'art en images : André Malraux : L'invention du Musée imaginaire」, 『Art Press 2』(n°24), 2012.2.~4. 참고

** 　아쉽지만 이 책에서는 음악, 영화, 춤을 다루고 있지 않다. 소리와 동작 등을 인쇄 매체에 담을 수 있는 방법을 찾지 못한 탓이다.

그것은 물론 명상으로의 모험을 함께 떠나는 말들이었다. 여기에 개인적 체험, 나만의 감각, 내가 쓴 문장 들을 하나씩 보태 보았다.

이윽고 명상 훈련의 일면을 나타낼 법한 이미지들이 하나둘 추려지더니 이내 하나의 갤러리가 되었다. 우리 의식 속에 저절로 존재하는 수많은 잔가지와 마찬가지로, 몸과 마음, 생각과 굴곡, 허무한 마음과 가없는 마음이 저절로 고랑을 파고 물길을 내면서 갤러리의 모습은 점점 구체화되었다. 무질서하기 짝이 없는 그림들과 메모 파편들로 시작된 명상 체험은 정리, 분류, 재배치 과정을 거치면서 한 권의 책이 되었다. 이 책을 '명상 상상 박물관'이라고도 불러도 좋을 것이다.

교감

"본질적으로 내가 생각하는 예술은 너무나 원대한 것이어서 우리 내면에 품은 신비의 바다와 굽이치며 합류한다."

— 모리스 마테를링크[*]

요즘은 마음챙김에 관한 글, 어플리케이션, 교육 등이 많아도 너무 많다. 그런데 나는 마음챙김에 대한 이론서를 읽는 것보다 꽃이나 예술 작품 등을 골똘히 바라보는 것으로 명상에 대해 더 많이 배웠던 것 같다. 돌이켜 보면 전문가의 말 한마디보다 시 한 줄, 그림 한 점이 더 깊이 와닿곤 했다. 특정 주제에 대한 논리에 얽매이지 않으면서 개인적인 체험과 밀접하게 연결된 예술가들의 작품은 그 어떤 글이나 이론 못지 않게 명상의 요소를 담고 있다. 분야는 중요하지 않다. 언어 체계로 축

---

[*]   Maurice Maeterlinck, 「Confession de poète, Réponse à l'Enquête d'Edmond Picard」, 『L'Art moderne』, 1890.2.

소해서 담을 수 없는 경지에 도달한 예술 작품들은 종종 명상의 모험과 뒤섞이고 궁극적으로 우리에게 깊은 자극과 울림을 남긴다.

예술과 명상. 서로 다른 방식을 표방하지만, 경우에 따라서 이 둘이 추구하는 대상은 엇비슷하다. 타인 앞에서 스스로를 환하게 열어 보일 수 있도록 자기 마음속으로 뛰어들 때, 좀 더 나은 귀환을 위해 세상으로부터 잠깐 뒷걸음질 칠 때, 존재를 완전히, 최대한 인간적으로 경험해 볼 때 등이 특히 그렇다. 풍경과 어우러질 만한 색을 찾는 일이든, 자유로우면서 동시에 참여적인 삶을 누리는 일이든, 배경에 존재하는 규율은 언제나 똑같다. 에고ego의 구속으로부터 스스로를 해방시켜서 빛이 드나들게 하라는 것이다.

그러므로 명상가의 접근 방식은 화가나 시인의 그것과 여러 면에서 겹친다. 이들 모두 새로운 눈으로 일상을 관찰하고, 마음의 길과는 다른 길을 향해 스스로를 활짝 열고, 시각적 아름다움 너머에 있을 진정한 아름다움을 발견하고, 더 나아가 종교적 차원을 넘어 신성함을 추구한다. 명상이라는 내적 체험은 말이나 이미지로 환원될 수 없는 것이라고들 흔히 말하지만, 나는 이 책에서 명상을 생생하고 손에 쥘 수 있게 만드는 작업에 도전하고자 한다. 매개는 물론 예술 작품이다.

소박한 여행 가이드

산책

이 책은 명상에 관한 학술 논문도 전문 예술서도 아니다. 그보다는 감상 모음집, 마음 세계로의 산책이자 여행으로의 초대다. 속성으로 하는 명상 테크닉, 스트레스 줄이는 법, 인간 존재가 지닌 이런저런 문제에 대한 해결책 등은 이 책에서 찾을 수 없다. 다만 이 책은 겪음과 응시를 향해 활짝 열린 초대장이다.

시간을 들이자

너무 빨리 지나치지 말고 골똘히 바라보아야 한다. 전체적인 분위기, 색상, 풍경 등이 어떤지 시간을 들여 찬찬히 들여다보자. 모든 것을 이해해야 한다고 스스로에게 강요하지도 말자. 끌리는 대로 그냥 가 보자. 그러다가 문득 명상을 하고 싶다는 마음이 찾아오면, 어떤 작품이나 어떤 문장이 당신을 감동시켜서 침묵의 빗장을 벗긴다면, 당신의 내면 깊은 곳까지 들어가 새로운 세계를 탐험할 용기를 준다면, 망설이지 말자. 이제부터는 가던 길을 잠시 멈추고 마음껏 느끼는 여행을 떠나야 한다.

질서와 무질서

한 단계의 여정도 놓치지 않고 싶다면, 이 책을 처음부터 순서대로 읽으면서 한 장 한 장 따라갈 것을 권한다. 하지만 원한다면 그날의 기분이나 필요에 따라 원하는 페이지를 읽는 것도 나쁘지 않다.

어디서부터 읽기 시작하는가는 중요하지 않다. 다만 책 전체를 읽어 달라고 당부하고 싶다. 각 장이 하나의 단위로 기획되었으므로 특정한 장을 간과해서는 안 된다는 얘기다. 그렇지 않을 경우 몇몇 여정을 놓치고 필자의 의도 또한 놓쳐 버릴 위험이 있다.

이 책의 '약속'

영감에 대하여

더는 어떤 영감도 찾을 수 없어 괴로워하는 예술가가 있듯, 명상가에게도 수행의 단초를 잃거나 동기를 상실하거나 일상생활에서 겪는 부침 때문에 길을 잃는 경우가 찾아온다. 그럴 때는 재충전을 충분히 한 다음 다시 길을 떠나야 한다.

비유적으로든 실질적으로든 고갈된 영감을 되살려 주자는 데 이 책의 의도가 있다. 이 책이 초심자의 수련에 새 숨결을 불어넣어 눈을 뜨게 하고, 선 자세에서 좌선으로 쉴 새 없이 움직이는 다소 산만한 자세에서 단순한 '있음'으로 변화하는 문턱을 넘을 수 있게 해 줄 것이다.

그리고 아직 명상을 시작해 본 적 없는 당신이라면, 명상을 지식의 한 갈래로만 생각해 온 당신이라면, 이 책이 당신의 과감한 도전을 함께해 줄 것이다.

그림은 천 마디 말보다 더 가치가 있으므로

전통적인 가르침 속에는 마음의 기능을 밝혀 주는 은유가 많다. 이 책은 전통의 연속선상에 놓이면서 동시에 경험 속으로 조금 더 매끄럽게 들어갈 수 있도록 돕는 주요 이미지들을 독자에게 제공하고자 한다.

시각 기억은 모름지기 즉각적이고 이미지란 보는 이에게 명확하고 강력한 언어를 전달하기 마련이므로, 필자는 아무쪼록 이 책에서 제시하는 작품들이 명상의 길을 떠날 독자의 길동무가 되어 주기를 바랄 뿐이다.

명상을 향한 우회

어느 정도 시간이 흐르고 나면 예술가 스스로 자신이 속한 예술계가 좁다고 느끼는 순간이 오듯, 명상가 역시 명상을 재현하는 방식이 족쇄처럼 답답하다고 여기는 시기를 겪는다. 예를 들어, 마음챙김이 스트레스 방지를 위한 하나의 팁 정도로 축소되거나, 우리가 구하고자 하는 지혜가 타인을 대할 때의 친절과 아첨 멘트에 지나지 않는다고 해 보자. 이내 우리는 답답해지고, 당장이라도 명상을 때려치우고 싶어질 것이다.

명상을 지속적으로 수행하기 위해서는 확실한 조절과 적응이 필요하다. 명상법에서 의미와 여유, 인내심을 발견하고 싶다면 일단 무언가를 배워야만 한다는 강박에서 벗어나고 정해진 틀에서 나와 새로운 지평을 열 필요가 있다. 이 책에서 제안하는 예술을 통한 우회는 바로 이 지평을 다시 열고, 지금까지 조금 심하다 싶을 정도로 고착된 명상의 정의에 의문을 제기하는 하나의 방법이기도 하다.

나 자신뿐 아니라 주변 세계와 맺는 관계가 더 깊고 돈독해질 수 있도록 도와주는 것이야말로 예술이 지닌 소명 중 하나가 아닐는지. 우리가 존재할 수 있고 창의적으로 살아갈 수 있도록 돕는 것은 마음챙김의 소명이다. 예술과 마음챙김. 이 두 가지 분야가 이 책에서 만나 오직 하나의 예술을 만들어 나갈 것이다.

부디 무용 無用 한 책이 되기를

"모름지기 책이라면 적어도 한 가지 약속은 담아야 하지 않을까요!" 편집자로부터 여러 번 들은 말이다. 하지만 예술과 명상에 한 가지 공통점이 있다면, 이들이 모두 '목적 없음'을 지향한다는 것이다. 장켈레비치는 이를 두고 '아무것도 아닌 것'이야말로 '우리 삶에서 손에 닿지 않는 본질적인 것'이라고 말했다.*

명상이 종종 개인의 웰빙 지수를 높이는 데 필요한 테크닉으로 판매되고, 모든 일에는 목표와 수익이 있어야 한다고 당연히 여겨지는 요즘, 명상과 예술을 인간 존재의 근본적이고 깊이 있는 문제로 만들어주는 건 어쩌면 바로 이 '무용의 개념'이 아닐까.

그래서 나는 아무 목적도 없는 책, 아무것에도 도움이 되지 않는 책

---

* Vladimir Jankélévitch, 『Le Je-ne-sais-quoi et le Presque rien』, PUF, 1957. "나는-아무것도-모른다의 개념이 존재할 때 우리는 충만해지고, 부재할 때 우리는 근심하고 후회한다. 아주 중요한 모든 일이 그러하듯, 우리 삶에서 중요한 역할을 하는 일일수록 만질 수도 볼 수도 없다." 1980년 라디오 방송 채널 〈프랑스 퀼튀르France Culture〉와의 인터뷰에서 인용

을 소망한다. 이 책이 부디 사잇길이 되기를, 세상을 다시 한 편의 아름
다운 시로 만들어 주는 수단이 되고, 마음챙김의 차원을 포함하여 우리
생활 곳곳에 만연한 실리주의와 도구주의에서 빠져나올 수 있는 비상
구가 되기를 바랄 따름이다.

차례

1

시선을 안으로
돌려 보자

니콜라 말리노프스키, 〈죽음 이후의 삶〉, 2009

"문제는 나 자신과의 관계가
스쳐 지나는 타인에게 건네는 안부 인사를
넘어서는 법이 좀체 없다는 데 있다."

- 족첸 폰롭 린포체

루카 이초, 〈자기 성찰〉, 2018

눈으로 보는 것의 딜레마

우리의 시선을 끝없이 벗어나는 어떤 것, 우리가 볼 수 없는 어떤 것이 있다면 그것은 우리 자신, 즉 우리의 얼굴, 우리의 눈, 그리고 이들 뒤에 놓인 것이다.

시각은 우리를 자꾸만 바깥으로 밀어낸다. 타인과 우리를 둘러싼 세상을 인식하는 일은 비교적 쉬운 반면, 우리 자신의 생각이나 판단, 우리 정신이 어떻게 작용하는가를 살피는 일은 꽤나 어렵다. 우리 눈 속의 티보다 타인 눈 속의 티를 찾는 게 훨씬 쉬운 건 바로 이런 이유에서다.

구조상 내면을 바라보도록 설계되지 않은 인간에게 눈은 나와 타인 사이의 경계를 지키는 문 역할을 한다. 인간의 시각 기관은 생후 몇 개월이 지나고부터 발달하는데, 이 시기에 점차 안과 밖, 나와 타인, 나와 세상 사이의 구분이 이루어진다. 발달 심리학에서는 이 단계를 '구별 différenciation'이라고 한다. 살아 있는 한 인간은 내부와 외부의 개념을 유지하면서 구별을 더욱 공고히 다지게 되어 있다.

두 눈을 감고 하는 명상 수련은 왼쪽의 조각 작품처럼 근본적이면서 단순한 동작으로 우리를 이끈다. 시선을 180도 회전시켜 자기 자신을 바라보는 동작이다. 두 눈을 감고 주의attention를 안으로 향하게 하자. 시각, 외부, 물리적 자극에서 잠깐 벗어나 내적이며 비물질적인 자극에 집중해 보자. 그러다 보면 분열과 구별의 느낌이 조금씩 조금씩 줄어들 것이다.

M.C. 에셔, 〈반사구를 쥔 손〉, 1935

정신의 거울

불교의 첫 번째 언어인 팔리어에서는 정신을 종종 거울에 비유한다. 눈은 우리 내면을 볼 수 없지만, 정신은 다르다. 나 자신에게 돌아와 내면의 모습을 비추는 능력이 정신에게는 있다.

'탐험가적 자질'로 번역할 수 있는 비차라vichara는 이 같은 주의 능력 또는 연구의 대상이자 수단인 의식의 능력을 정확하게 묘사하는 단어다.

명상가는 공 모양 거울 앞에 앉은 에셔와 같은 진지한 태도로 자기 마음을 더 잘 이해하기 위해서 '그의 안에 든 것'을 응시한다. 구체의 표면은 에고를 비추어 보고 흐트러진 매무새를 다듬기 위한 수단이 아니다. 그보다는 내면세계의 솔직하고 환한 모습, 영혼의 조작되지 않은 참모습을 볼 수 있는 도구다.

> "예술이란 무엇인가? 그것은 스스로에 대한 정직한 평가다."
> - 로만 오팔카[*]

명상적 지혜는 이처럼 정직함의 열매다. 내면을 들여다보는 행위를 통해 명상가는 자기 눈동자에 반사된 스스로의 모습을 똑바로 응시하게 된다. 그리고 정확하게 보는 데 방해가 되는 모든 감정적 티끌을 인내심을 가지고—마치 거울을 닦듯이—하나씩 제거한다. 이른바 '자기 자신을 아는' 지혜는 학습된 지식 이상으로 내면의 지식을 보여 준다. 드 라므네는 이렇게 말했다. "이런 종류의 본능은 이성적 사유보다 더 확실한 것으로, 돌연하고 심오한 내면의 계시를 통해 모든 사람의 영혼 밑바닥에 있는 무언가에 대해 매우 생생한 직관을 제공한다."[**]

---

[*] Bernard Noël, 『*Le Roman d'un être*』, POL, 2012

[**] 철학자 펠리시테 로베르 드 라므네는 1831년 신문 『라브니르 *L'Avenir*』에 이 말을 썼다.

댄 크레투.* 〈현대의 나르키소스〉, 2015

• Dan Cretu. 1980년대 출생의 루마니아 예술가. 그의 작품은 특히 'SNS 시대와 인간관계의 자기도취화'라는 주제를 탐구한다.

자신을 향한 시선과 의도

인간이 인간이고부터, 호수 표면에 비친 모습이 자기 것이라고 인식하는 나이가 되고부터, 말하자면 아득히 오래전부터 인간은 자기 모습을 알아보고 그것을 영원히 남길 방안을 찾고 있다.

SNS와 자기 몰입의 결정적 대상, 즉 스마트폰이 발명되기 한참 전부터 자아의 이미지는 언제나 표현과 질문의 매체였다. 화가 뒤러와 렘브란트의 경우는 유독 셀카 봉의 출현을 기다릴 시간적 여유도 없이 퍽 다급했던 것 같다. 이들은 거울이나 다른 반사면을 이용해서 자화상을 그렸고, 그림 속 자기 모습에 물음표를 던졌다.

명상 역시 자기만의 방식으로 수 세기 동안 자화상의 기술을 발전시켜 왔다. 명상은 시선이 닿는 방향을 뒤집어서 매일매일 자기 얼굴을 그려 보도록 유도한다.

하지만 그림이 그렇듯 동기가 무엇인가에 따라 본질은 달라지게 마련이다. 동기야말로 명상의 토대를 이룬다. 껍데기에만 머물 것인가, 아니면 저 깊은 심연까지 내려가 탐험을 계속할 것인가. '나'에 대해 이미 잘 알고 있는 생각을 더욱 단단히 굳힐 것인가, 아니면 거기서 더 나아가 인간의 존재 자체에 대해 의문을 제기할 것인가. 자기 정체성에 더욱 간절히 매달릴 것인가, 아니면 그것을 과감하게 뚫고 나올 것인가.

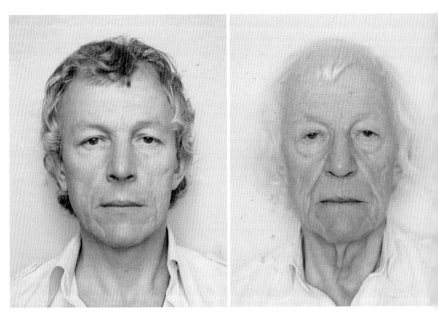

왼쪽) 로만 오팔카, 〈오팔카 1965/1부터 무한대까지〉(상세 2075998), 1965
오른쪽) 로만 오팔카, 〈오팔카 1965/1부터 무한대까지〉(상세 5341636)

나르시시즘인가 타인을 생각하는 마음인가

로만 오팔카의 중심은 자화상이다. 1965년부터 2011년 사망할 때까지 그는 하루도 거르지 않고 자기 얼굴을 사진에 담았다.

그의 작품 세계의 중심을 차지하기는 해도 이 사진작가가 제안하는 시선의 의미와 전복은 나르시시즘과는 다소 거리가 있다. "오팔카는 최고의 모습을 보여 주거나 환심을 사고 싶다는 유혹에 넘어가지 않았다. 그는 시간에 얼굴을 맡겼다. 거기엔 조금의 양보도 없었다."[•]

자화상은 그에게 고백이자 일기이며 그의 상태를 알 수 있는 수단이다. "어쩌면 자기 중심적 망상으로 보일 수도 있겠지만, 우리 각자의 이미지를 알려 주기 위해서 나는 이 작업을 계속한다"[••]라고 작가는 말한 바 있다. 개인적 경험에서 시작되었으나 스스로의 것뿐 아니라 사진을 바라보는 모든 이의 이야기를 끄집어내는 데 오팔카의 의도가 있다. 자신을 관찰하는 것, 그것은 나와 비슷한 타인들에게 다가가는 아주 좋은 방법이다. 에고의 응시가 곧 에고를 해체하는 방법이다. (개인성이라는 의미에서) 정체성을 직시하기, 그것은 (유사성이나 통일성으로서의) 정체성과 만나는 방법이다.

말하자면 사람들은 이따금 명상을 자신에 대한 지나친 집착과 혼동할 때가 있다. 그런데 실상은 그와 정반대다. 이런 점에서 명상가의 의도는 사진작가의 의도와 같은 맥락에 놓인다. 사진작가의 시선은 자기 얼굴을 대담하게 바라보는 것에서 시작했으나 언젠가부터 과감히 타인을 향하고 있다.

[•]   Claudie Gallay, 『*Détails d'Opalka*』, Actes Sud, 2014

[••]   Bernard Noël, 앞의 책, 주석 13, 18쪽

댄 크레투, 〈소셜 이슈〉, 2010

기대기와 상호 의존

명상을 하는 사람은 자기 이미지를 SNS 사용자들에게 수없이 노출하지도, '좋아요' 수에 의존하지도, 인정·자존감·사랑이 부족하다 싶으면 위험을 무릅쓰며 도파민* 주사를 찾아 헤매지도 않는다. 그보다는 시선의 반전을 이용하여 스스로를 해방시키고 결별의 망상과 외모의 함정에서 빠져나온다.

명상을 통해 비로소 되찾은 '순간'은 나르시시즘을 더욱 살찌우라고 권하지 않는다. 그보다는 시선을 배꼽 위로 올려 불교 전통에서 말하는 팔법八法이나 영광과 패배, 칭찬과 비판, 이득과 손실, 좋은 평판과 부정적 평판 등과 같은 세속적 관심에서 조금씩 자유로워지라고 권한다. 이유는 간명하다. 이런 관심들은 너무 불안정한 것이어서 우리에게 지속적인 만족을 가져다줄 수 없기 때문이다. 따라서 명상을 하는 사람은 더 이상 사회적 비교나 불가피한 의존성 같은 외적 요소가 아닌 상호 의존의 감정에서 행복을 찾는다. 바로 여기서 행복의 크기와 양이 달라진다.

이렇듯 명상 수행자들은 '셀카'를 찍는 대신 스스로를 관찰하는 데 몇 시간을 보낸다. 오팔카의 경우처럼, 명상적 자화상은 금욕주의의 표현이면서 예술 행위이며, 자기 자신을 향해 아주 깊숙이 내려가 마침내 타인과 연결되는 방식이다.

궁극적으로 이미지에 지배당하지 않고, 외모에 가려 존재 자체가

---

* 도파민은 보상 시스템과 즉각적인 쾌락 감각을 활성화하는 신경 전달 물질이다. 아르테Arte 채널에서는 얼마 전 〈도파민Dopamine〉이라는 다큐멘터리 시리즈에서 SNS 중독에 대해 다루기도 했다.

지워지거나 행복의 표상들이 진정한 행복과 그 원인들*을 지워 버리지 않도록 하기 위해서라면 명상은 매우 적절하다. 명상과 더불어 우리는—필터링이나 포토샵을 거치지 않은—우리의 진짜 모습을 볼 수 있고, 이는 나아가 인류라는 광활한 사회적인 연결망에도 기여하게 된다. 정직한 내 모습을 제공함으로써 인류 전체에 무해한 영향을 미친다는 점에서 그렇다.

---

* 자비, 연민, 이타적 기쁨 그리고 평정은 불교에서 말하는 행복의 네 가지 진정한 원인이다. '네 가지 광대무변의 자질'이라고 말하기도 한다.

2

정신의 광기를
만나 보자

제렌 빌뵌, 〈잠김〉, 2015

"명상 수행 중 어느 시점에 이르면 당신은 머리가
완전히 돌아 버린 게 아닐까 하는 갑작스럽고
충격적인 깨달음에 직면하게 된다."

- 아잔 차

제렌 뷜뷘, 〈상념들〉, 2014

첫 번째 만남

인터넷 검색창에 '마음챙김 명상'이라는 단어를 입력하면 예상을 벗어나지 않는 이미지들이 화면에 펼쳐진다. 연꽃, 자갈, 단촐한 차림새로 앉아서 일출을 바라보는 여성, 감사와 행복이 가득한 얼굴……. 그리고 웰빙, 릴렉스, 평정, 조화 등의 단어가 메아리처럼 따라온다.

명상을 갈망하는 이들이 명상 수련은 시작부터 즐거운 일이고 즉각적인 '사치, 평온, 쾌락'(앙리 마티스가 1904년에 그린 작품의 제목 – 옮긴이)을 가져다준다는 모종의 편견을 갖게 된 건 아무래도 이런 이미지들 때문일 것이다. 명상이란 두 눈을 지그시 감고 복식 호흡을 하며 머릿속을 비우고 일말의 근심, 걱정 없이 거품 푼 욕조에 편안히 몸을 담그는 것으로 충분하다는 생각은 이렇게 생겨난다.

그런데 규칙적으로 명상을 하는 이들이라면 누구나 평온한 마음이 채 15분도 지속되지 않는다는 것을 알고 있다. 하루 최소 3분씩이라도 자기 마음을 실제로 경험해 보는 사람이라면 누구나 알 수 있다. 자신과의 한 치의 양보도 없는 대면, 스스로의 불안한 정신 상태와 감정의 거친 기복에 맞서고 나서야 명상 수련이 가져다주는 지극히 소소한 혜택들을 맛볼 수 있다는 사실을 말이다. 명상과 더불어 마음을, 사심을 비우겠다는 애초의 바람은 오래지 않아 유리 조각처럼 바스러진다. 생각이 도무지 머리에서 떠나지 않기 때문이다. 생각은 언제나, 어김없이, 무수하게 그 자리에 끈질기게 남아 있다. 명상자를 끝없이 설득하고 유혹하면서. 생각에 관심을 기울일수록 생각은 더욱 도드라진다.

이렇게 볼 때, 매체에서 주로 보여 주는 평화로운 해변의 이미지와 충만한 표정과는 거리가 먼 제렌 뷜뷘의 사진 몽타주는 명상과의 첫 번째 만남을 매우 적나라하게 표현해 준다고 볼 수 있겠다. 격랑이나 쉴 새 없이 돌아가기만 하는 바퀴로 표현된 인간의 정신이야말로 한결 더 현실적이지 않은가.

히에로니무스 보스, 〈세속적 쾌락의 동산〉, 1500~1505년경

마음이라는 영화

명상을 처음 시작할 때 우리는 모종의 혼돈 상태를 맞닥뜨린다. 이미지, 생각, 감각으로 이루어진 내면의 소란이 모습을 드러내는 것이다. SNS에서 찾은 명상의 연관 이미지들은 마음의 평온과 위로를 기대하게 만들지만, 결과는 그 반대인 경우가 부지기수다. 영화관 맨 앞줄에 앉아 인간의 마음을 주제로 한 썩 훌륭한 영화를 관람하면서 오히려 지독한 혼란에 빠져 있는 내 모습을 발견하는 격이다.

고요히 앉아 있는다. 우리가 매우 집요하게 곱씹는 것들, 제일 중요해 보이는 '투 두 리스트', 가장 아름답고 가장 광기 어린, 그리고 가장 에로틱한 꿈들 또는 심지어 제일 지독한 악몽과 거대한 두려움들……. 이런 것들이 생각의 수면 위에 규칙적으로 떠오른다. 그리고 이 모든 일은 깨어 있는 상태에서 이루어진다.

마음이라는 영화는 전적으로 경험적이다. 생각은 절대적인 혼란 속에서 횡설수설하고, 과거에서 미래로, 가장 무의미한 일에서 가장 중요한 일로 도약한다. 아무리 찾아봐도 일관성이 없지만 우리에게 스필버그의 영화 못지않은 힘을 발휘한다는 게 미스터리다. 같은 맥락에서, 때로는 영화가 너무 늘어지거나 대립각을 세워서 피로감이 느껴지거나 깊은 잠에 빠지기도 한다. 산만함과 지루함 사이를 오가다 보면 어쩐지 마음은 전보다 더 불쾌해진다.

이쯤 되면 우리는 다시 한 번 우리가 겪은 것을 명상 관련 잡지의 표지에서 본 이미지들과 비교하게 된다. 그러고는 명상은 우리와 맞지 않는다, 마음챙김은 나와는 어울리지 않는 방법이다, 차라리 뜨개질을 하거나 당장 정신과 의사와 예약을 잡는 게 낫겠다고 결론을 내린다.

히에로니무스 보스, 〈세속적 쾌락의 동산〉, 1500~1505년경

치료가 시작될 때[*]

명상을 시작할 때 마음이 겪는 혼돈 상태를 설명하기 위해서는 잡지에서 말하는 '건강, 활력, 웰빙' 등의 이미지보다 히에로니무스 보스의 그림이 더 적절할 것 같다. 머릿속을 괴롭히는 생각들에 완전히 동일시되어 깊은 감정에 사로잡혀 있거나, 어쩐지 불만스러워 보이는 남녀의 모습을 보여 주는 것은 분명 상업적으로는 큰 효과가 없겠지만 적어도 더 정직한 일이다.

신학자 프랑수아 페늘롱[**]은 이 같은 마음의 자각 상태를 다음과 같이 묘사한다. "(주의의) 빛이 점점 자라나면서 전에는 미처 보지 못한 최악의 우리 모습이 보이기 시작한다. 마치 으슥한 동굴 깊은 곳에 살던 더러운 파충류가 슬금슬금 기어 나오듯, 우리 마음 깊은 곳에서부터 각종 부끄러운 감정들이 무리 지어 나오기 시작하고, 이전엔 똑바로 보지 못한 것들의 출현에 우리는 새삼 놀라기 마련이다. 아, 이런 것들을 품고 살아왔다니! 점차 실체를 드러내는 이들의 모습에 우리는 망연자실할 뿐이다. 이후, 결점이 줄어든다 해도 이를 비추는 빛은 더욱 밝아진다. 이 점을 마음에 새겨 두자. 질병은 치료가 시작될 때만 비로소 인식되고, 그렇지 않으면 우리는 질병의 존재조차 알 수 없다는 것을. 이런 사실이 어느 정도 우리에게 위로가 된다는 것을."

명상에 대해 흔히 갖고 있는 고정 관념과는 다소 거리가 있지만, 정신의 배후에 대한 이런 발견은 반드시 필요하다. 그렇지 않으면 눈에 보이는 것만이 변화의 대상이 되기 때문이다. 우리의 결점과 부족한 점들은 인식되지 않으면 변화의 기회조차 얻지 못한다. 따라서 인식은 이미 '치료'의 큰 부분을 차지한다.

---

[*] 이 제목은 본문에 인용한 프랑수아 페늘롱의 텍스트에서 따온 것이다.

[**] François Fénelon(1651~1715). 프랑스의 신학자, 교육학자, 작가

히에로니무스 보스, 〈세속적 쾌락의 동산〉, 1500~1505년경

연꽃 아래

명상에 대한 클리셰는 어쩌자고 그렇게 많은 걸까? 명상은 도대체 무슨 근거로 웰빙이나 자기계발 분야로 분류되는 거지? 일반적으로 알고 있는 이미지들과 정작 현실을 경험하며 만나는 것들 사이에는 적잖은 괴리가 있다.

가령 연꽃의 이미지를 들 수 있다. 명상 수행의 세계에서 연꽃은 이미 진부한 이미지로 전락했다고 말할 수 있겠으나, 이 꽃의 이미지와 진정한 상징성 사이의 거리는 제법 멀다. 전통적으로 연꽃이 지혜를 상징한다면, 그것은 이 꽃이 지닌 아름다움 때문만은 아니다. 무엇보다도 연꽃은 진흙 속에 뿌리를 내리고 서식하는 능력을 갖추었기 때문이다. 흔들리는 물과 늪이 없다면 연꽃도 존재할 수가 없다. 어떤 하나는 다른 하나의 필수 조건이 된다.

명상은 우리가 연꽃이나 마음의 밑부분(그다지 볼품은 없지만!)을 자세히 들여다볼 기회를 준다. 〈세속적 쾌락의 동산〉에서 볼 수 있듯이 명상을 통해서 우리는 욕심, 오만함, 분노 또는 인색함 속으로 과감히 들어가 우리 영혼 깊은 곳에 뭐가 있는지 발견하게 된다. 말하자면 진흙처럼 정신과 마음의 굽이굽이, 우리의 복잡한 면, 우리가 간직한 아이러니를 현실적으로 인식하게 해 주어 연민과 지혜의 원천이 될 수 있도록 도와주는 게 바로 명상이다.

따라서 명상의 모습을 표현하고 싶다면 잡지 속 평면적인 이미지보다는 마음의 늪과 같은 심연을 대수롭지 않은 것인 듯 보여 주거나, 연꽃보다는 진흙에 초점을 맞추는 편이 더 적절할 것이다. 진지한 명상가라면 명상을 개인의 웰빙을 위한 테크닉이 아니라 사회 집단을 위한 쓸모 있는 연구의 길로 받아들이고 시간, 거짓 희망, 죄책감의 낭비를 막을 것이다. 호락호락하지는 않아도 언제나 비옥한 길로.

귀스타브 쿠르베의 자화상, 일명 〈절망하는 사람〉, 1841

충격과 안도

아잔 차*의 경고는 프랑수아 페늘롱의 그것과 맥락을 같이한다. "명상 수행 중 어느 시점에 이르면 당신은 머리가 완전히 돌아 버린 게 아닐까 하는 갑작스럽고 충격적인 깨달음에 직면하게 된다. 당신의 정신 상태는 비명을 지르고 같은 말을 수도 없이 반복하는 등 통제 불가능한 수용소가 되어 버릴 것이다. 하지만 당신은 미친 게 아니다. 어제의 당신과 비교해 보라. 당신은 절대로 정신을 놓은 게 아니다. 당신의 상태는 늘 이랬다. 다만 눈치채지 못했을 뿐. 이런 발견이야말로 당신이 진정한 명상의 단계에 들어서서 발전 직전에 있음을 알리는 청신호다." 실패를 예감하는 바로 그 순간, 숲 명상의 승려** 아잔 차는 이렇게 우리를 격려하고 안심시킨다.

우리는 올바른 방법으로 가고 있다. 명상 훈련은 차분하게 진행되면서 우리의 감정적, 정신적 기능을 조명한다. 바로 이 무렵부터 명상을 바라보는 우리의 관점 또한 조금씩 변화하기 시작하는데, 우왕좌왕하는 정신은 더 이상 패배나 실패가 아니라 새로운 기회로 느껴진다. 수많은 생각이 두서없이 떠오른다고 해서 스스로를 더 이상 나무라지 않는다. 대신 마음속에서 일렁이는 불꽃을 더욱 선명하게 알아차리게 되었음을 자축한다.

생각을 알아차린다는 것. 그것은 명상의 본질에 아주 가까워지고 있다는 신호다. 이것이야말로 변화가 만들어지는 아주 결정적인 순간이다. 선택권은 우리에게 있고, 심리적 자극과 우리가 그것에 보이는 반

---

* Ajahn Chah(1918~1992). 태국 전통 소승 불교 승려이자 명상 스승
** 태국의 숲 명상 승려들은 심화 명상 수련을 위해 다양한 금욕 수행을 한다. 예를 들어, 1일 1식, 나무 아래서 잠자기, 숲속이나 무덤가에서 명상하기 등이 있다. 사찰의 생활은 무척 단출하며 선불교 전통을 지킬 뿐 그 어떤 관념화 작업도 거부한다.

응 사이에 자유의 공간이 존재한다는 사실을 알게 되는 것 또한 이러한 알아차림에서 비롯된다. 마침내 우리 앞에 새로운 가능성이 열린다. 마음의 방황을 무한정 지속할 것인가, 주의의 대상에게로 돌아갈 것인가. 이런 의미에서 산만한 마음을 알아차리는 것은 투쟁이 아니라 해방으로 볼 수 있다. 이제부터 우리는 생각을 비우려고 애쓰지 않는다. 비워내야 하는 것은 생각이라는 대상에 우리가 보이는 반응이다.

마지막으로 우리가 하는 명상에 지독한 시련이 찾아올 때, 그제야 우리의 경험과 우리 자신 사이에 완전한 관계가 형성된다. 그리고 너무 많은 내면의 동요에 대해 걱정하거나 실망하는 대신 마침내 명상의 길 위에 서 있다는 사실을 알고 흐뭇해진다.

3

싸우라 아니면
춤추라

피나 바우쉬, 〈보름달〉, 2006

"저항하라, 그러면 파도가 너를 전복시킬 것이다.
허용하라, 은혜가 너를 더 높은 곳으로 데려갈 것이다."

- 대나 폴즈

외젠 들라크루아, 〈야곱과 천사의 투쟁〉, 1860

싸움에서 춤으로

들라크루아의 그림을 보자. 야곱은 천사와 싸우고 있는 걸까, 춤추고 있는 걸까?

화가는 이런저런 궁금증을 일으킨다. 이 작품은 명상의 단계를 정확히 은유한다고 볼 수 있다. 말하자면 이 그림은 현재 진행되고 있는 경험을 거부할 것인가 수용할 것인가, 또는 투쟁할 것인가 춤을 출 것인가 사이에서 망설이는 명상 수행자의 모습을 나타내고 있다. 사실 신체적, 감정적, 정신적으로 불편한 상황이 발생했을 때 우리가 가장 먼저 보이는 반응은 저항과 투쟁이다. 마음은 끈질기게 '이게 아니다', '그렇지 않다', '아직은 아니다'라고 말한다. 비록 몸은 명상 방석 위에 앉아 있겠지만 수행자들은 1초라도 빨리 적을 땅에 눕히려고 싸우고 고뇌한다. 고뇌를 다스리고, 분노를 억제하고, 고통을 짓누르고, 스트레스를 제거하려고……. 그런데 어떻게 해도 적은 반드시 다시 일어난다.

우리의 감각은 거절당할 때 더욱 날카로운 공격성을 띤다. 감정이 널을 뛴다는 말이다. 그리고 생각은 긴장의 영향을 받아서 점점 더 전염성을 띤다. 처음의 불편함은 거기에 반대하는 저항 때문에 두 배가 된다. 이런 식으로 수행자는 스스로 놓은 덫에 걸려든다. 어김없이.

이 싸움은 여기서 끝이 아니고 보통 환멸의 단계로 이어진다. 수행자는 결국 투쟁이 부질없는 일이라고 인식하면서 포기, 즉 완만히 투항한다. 마음속으로 무기를 내려놓고 무릎을 꿇는다. 그리하여 완전한 투항까지는 아니겠지만 더 이상 버티지도 힘을 쓰지도 않는다. 들라크루아의 이 그림은 바로 그 순간을 포착하고 있다. 우리 마음속의 클라이맥스, 긴장이 절정에 이르렀다가 평화 협정을 위해 한발 물러서는 순간. 수치심, 분노 또는 두려움이 더 이상 무시의 대상이 아니라 소중한 경험으로서 환영받는 바로 그 순간.

그러다가 어느 순간 낙담과 슬픔이 찾아든다면 그때가 바로 변화가 시작되는 시점이다. 진정한 수용은 투쟁을 춤으로 변화시킨다. 우리는 늘 취약한 것들과 긴밀하게, 부드럽게 닿아 있다. 그러니 잣대를 들이대거나 뿌리치지 말고 고통과 더욱 상냥한 관계를 맺어야 한다. 배제하는 대신 수용하고 포용해 보자. 들라크루아의 천사처럼 수용은 우리에게 손을 내밀어 자리에서 일어나 춤추게 한다.

샐리 포터, 〈탱고 레슨〉, 1997

싸워서 이길까 내버려 둘까

20년 동안이나 수련을 했지만 명상을 위해 자리에 앉을 때면 여전히 나는 투쟁과 춤 사이에서 흔들리는 경험을 한다. 두 눈을 감고 규칙적으로 그 순간의 체온을 재 본다. 그러면 내면의 긴장이 서서히 모습을 드러낸다.

스트레스를 예로 들 수 있겠다. 스트레스가 어떻게 제 모습을 드러내는지 나는 아주 잘 알고 있다. 끝없이 맴도는 수많은 생각, 긴장된 어깨, 가쁜 숨, 복부 긴장감. 이제 모두 익숙해진 감각들이다. 스트레스의 원인을 너무나 잘 아는 내가 제일 먼저 보이는 반응은 거기에 맞서 싸우는 것이다. 잠깐 동안 나는 스트레스에 대항하는 단계에 들어선다. 내가 느끼는 긴장감을 기꺼이 환영하며 반기기는커녕, 맞서 싸우려 든다. 동요하는 마음을 있는 그대로 받아들이지 않고 떠오르는 생각들을 막고 억누른다. 느끼는 그대로 내버려 두기보다는 오히려 전쟁의 한복판으로 뛰어드는 격이다. 하지만 그 어떤 것도 상황을 해결하는 데 도움이 되지 않는다.

그러면 나는 응시와 관찰의 시간을 가진다. 있는 그대로의 경험 앞에서 나 자신을 활짝 열어 본다. 이제 나의 관심은 추격과 통제와 탄압에서 단순한 인식으로 이동한다. 그리고 나 자신에 맞서 싸우는 선전포고 상태를 유지하는 대신 스트레스를 있는 그대로, 아무리 많아도 그대로 내버려 둔다. 내 감정에 잣대를 들이대고 억누르기보다는 이들에게 무죄 추정의 원칙을 적용, 마음껏 변화하고 자라도록 내버려 두는 것이다. 이와 동시에 변화가 발생한다. 내 상태를 허락하고 있는 그대로 내버려 두자 무도회가 시작되듯 긴장은 탱고로 변화한다. 샐리 포터*의 영화에서처럼 거절과 수용 사이의 양가감정은 이제 춤이 된다. 그리고 대부분의 경우, 이 과정이 끝나고 나면 불편함은 점점 수그러들다가 이내 완전히 사라진다.

　여기서 수용이란 패배나 체념이 아니라 역동적이고 창조적인 동작이다. 승리는 부정하고 공격하는 데 있는 것이 아니라 인정하고 내려놓는 데 있다. 미국 심리학자 칼 로저스**는 이렇게 말했다. "나를 있는 그대로 받아들일 때 비로소 변화가 찾아온다. 이것이야말로 삶의 신기한 패러독스가 아닌가!"

---

* 　샐리 포터는 들라크루아의 그림에 대한 오마주로 1997년 영화 〈탱고 레슨〉을 제작했다.

** 　Carl Rogers(1902~1987). 미국의 휴머니즘 심리학자. 그의 소위 '사람 중심' 치료 접근법은 환자에 대한 공감, 완전한 일치 및 무조건적이고 긍정적인 관심을 강조한다.

4

틀을 깨고
나오자

존 다익스트라, 〈페널티 박스〉, 2016

"마음은 낙하산과 같다.
활짝 펼쳤을 때 더 효율적이다."

- 프랭크 자파•

•   Frank Zappa(1940~1993). 미국의 싱어송라이터. 여러 장르의 음악에서 영향을 받은
그의 곡들은 쉽게 분류하기가 어렵다. 록, 재즈, 팝 등 현대 음악의 모든 것이 그의 음
악 세계에 녹아 있다.

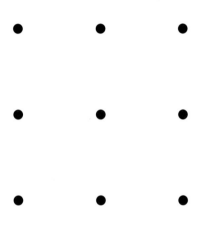

존 카밧진(MBSR),
볼펜을 중간에 떼지 않고 아홉 개의 점으로 최대 네 개의 직선을 만들기, 1979

자기 한계 알기

MBSR 프로그램 초기 과정 수강생들에게 존 카밧진은 한 가지 퀴즈를 낸다. 하얀 종이 중앙에 아홉 개의 점이 찍혀 있다. 같은 선을 두 번 거치지 않으면서 최대 네 개의 직선을 연결해야 한다.

처음에는 난제로 보이겠지만, 시야를 넓히면 탈출구가 보인다. 애초에 만들어 놓은 틀에서 벗어날 것. 즉, 점들을 연결해서 만든 도형 너머의 공간을 떠올릴 때 비로소 해법이 보인다.

이 퀴즈는 정사각형 속에서 집요하게 답을 찾고 벽이 없는 곳에 벽을 쌓겠다고 발버둥 치는 대신, 우리의 한계나 기존에 가졌던 생각의 틀에 대해 끝없이 반문하며 한 단계 더 상승해 볼 것을 권한다.

'Think outside the box'[*]는 마케팅 공식이나 문제 해결을 위한 테크닉, 또는 SNS에 붙는 해시태그로만 머물지 않는다. 마음챙김의 맥락에서 본다면 이 퀴즈 자체가 명상 훈련이다. 기존에 가지고 있는 믿음이나 확신에 의문을 제기하고, 우리가 만들어 내고 있는 상황에 물음표를 던지며, 닫혀 있는 순간의 비밀을 풀어내기 위한 집요한 노력을 요구하는 제안인 것이다. 열림과 창의성을 다지는 지난한 훈련…… 말하자면 삶을 대하는 진정한 방식의 연습이다.

---

[*] 글자 그대로 이 말은 '박스 밖에서 생각하라'라는 뜻. 즉, 다르게 생각하라, 창의적으로 생각하라는 의미다.

로베르토 로마노, 무제, 2017

펑크 인테리어

상투적인 방법에서 벗어날 것, 자동화되고 습관으로 굳어진 마음과 행동에서 벗어나 외면과 내면의 습관을 바꾸어 볼 것. 마음챙김의 맥락에서 우리에게 주어진 아홉 개의 점은 바로 이런 훈련을 제안한다.

조금 더 구체적인 예를 들어 보자. '미안해', '고마워'라고 말하기에는 어쩐지 자존심에 금이 가는 상황이다. 그럼에도 단순하고 용기 있는 행동을 취한다면 지금까지 만들어 놓은 틀에서 벗어나는 일이지 않을까. 매사 습관적으로 고개를 끄덕이는 '예스맨'이라면 반대로 '아니오'라고 반박하거나 자기 의견을 제시해 보는 것 또한 틀을 깨는 일이다. 마지막으로 급하게 정크 푸드를 먹는 대신 단 5분이라도 시간을 들여 내가 먹을 음식을 정성껏 만드는 행위 또한 틀에서 벗어나기 위한 행동이다.

틀에서 벗어나는 것. 명상의 관점에서 이 말은 위험을 감수하면서 통제의 끈을 늦춘다는 의미다. 당신으로부터 벗어나려는 것, 달아나려는 것과 기꺼이 함께 살아가기를 받아들이기. 더 정확하게 말하자면, 분석 정신, 즉 모든 것을 당신의 손 안에 넣어 해체하고 알아보고만 싶은 마음 상태를 과감히 놓아줌으로써 오히려 한 번도 생각해 보지 못한 새로운 해답을 향해 마음을 여는 것이다.

바깥 세계와 완벽히 담을 쌓고 혼자서 짐작하고 고민하지 말 것, 현재의 처지에서 한발 물러나 당신을 둘러싼 물음표들과 원만히 어우러져 살아갈 것. 명상이 당신에게 이렇게 권유한다.

플라톤 유리치, 무제, 2016

탈집중

"우주는 공존하는 것들의 질서다."

- 라이프니츠

일반적으로 '주의'란 우리 눈에 가장 분명히 보이는 것에 초점을 맞추는 것이다. 문제를 둘러싼 공간보다 아홉 개의 점에 집중하는 것을 예로 들 수 있다. 어려움이 발생하자마자 당신의 인지력은 오히려 축소된다. 해결책을 찾고 싶은 욕망에 압도된 마음은 이내 닫혀 버린다. 이러한 성향에 맞서기 위해 명상 수행은 좀 더 광범위한 주의 능력을 기를 것을 권한다. 비베카viveka라는 팔리어 단어는 '지금 일어나고 있는 일 너머까지 확장되는 관심'을 의미하는데, 이는 좀 더 넓게 보는 훈련을 말한다.

당신은 지금 책을 읽고 있다. 비베카는 책 너머의 세계로 시야를 열어 종이 위에 적힌 단어에 머물기보다 페이지의 여백을 생각하고, 독서 당시의 환경과 우리를 둘러싼 무한의 공간을 조금씩 끌어안으라고 권한다. 같은 방법으로, 주의 기능은 우리의 생각을 흩뜨리는 공간들을 감추지 않는다. 덕분에 우리는 생각이 있는 자리를 명확하게 식별할 수 있다. 소리를 듣되 그것을 에워싼 침묵의 존재를 잊지 않기. 좀 더 광범위한 차원에서 말하자면, 이 모든 현상이 일어나는 의식을 느끼기. 의식이 없다면 우리는 그 어떤 것도 파악할 수 없을 것이다. 그러므로 비베카는 집중으로의 초대가 아니라 탈집중으로의 초대다. 집중이 막히고 축소되고 추방된 바로 그 자리에서 주의가 비로소 활짝 열리고 넓어지며 환영받기 때문이다. 집중이 포위를, 탈집중이 포옹을 원하는 곳도 바로 그 자리다. 여기에서 비베카는 정확하면서 포괄적인 주의를 기울여 상황에 대응할 수 있도록 돕는다. 문제 속에 스스로를 가두는 것이 아니라 여지를 남겨 공간 자체가 피난처이자 솔루션이 된다. 당신의 어려움이 해결되든 그렇지 않든, 당신은 자연스럽게 열린 의식의 차원에 의지하게 된다.

브록 데이비스, 〈스퀘렌지〉, 2013

지구는 오렌지처럼 푸르다*

티베트 불교에는 다소 황당한 이야기가 많은데 그중에는 제자들이 일상적인 개념 틀에서 벗어날 수 있게 돕는 스승의 일화가 꽤 있다.

밀라레파**가 마침내 그의 스승 마르파***를 만났을 때의 이야기도 그렇다. 스승은 제자에게 벽을 세운 다음 허물라는 지시만을 계속 내릴 뿐이다. 명상에 대한 최소한의 언질도 없었다. 마르파는 제자가 그의 감정을 마주 보게 하고 싶었던 것 같다. 오직 제자의 논리에서 엿보이는 경직성을 깨부수고 오만함을 없애고, 정신의 깨달음과 깨달음이 아닌 것에 대한 제자의 엄격한 잣대와 믿음을 유연하게 만들기 위해서.

벽돌 위에 벽돌을, 분노 위에 분노를 쌓아 올리던 밀라레파는 어느 순간부터 달라진다. 자아의 벽을 밀어내고 더 이상 아무것도 기대하지 않고 다만 겸손하게 벽돌을 쌓아 올렸다가 허문다. 마침내 제자가 받아들일 준비가 되었다고 간파한 마르파. 그제야 가르침을 전한다.

전통 불교 스승들의 접근법은 이와는 또 다르다. 지나치게 분석적으로만 접근하려는 제자들의 정신에 유연성을 심어 주기 위해서 스승들은 선문답koan을 제안한다. 문자 그대로 '정지'를 의미하는 이 수수께끼의 목표는 깨달음, 또는 현상의 본질에 대한 직관적 이해를 유도하기 위해 바퀴 속에 바큇살을 끼워 넣는 것에 비유할 수 있겠다. 한 손으로 박수를 치면 어떤 소리가 나겠는가? 듣는 사람이 아무도 없다면 숲에서 쓰러지는 나무는 소리를 내는 것인가, 안 내는 것인가? 선문답은 이런 식이다. 그러면 이미 갖고 있는 지식의 틀에서 벗어날 것을 강요받아서 불편해진 제자들의 마음은 새로운 지식을 수용하기 위해 조금씩 꿈틀댄다.

---

* Paul Éluard, 『L'Amour la poésie』, 1929
** Milarepa(1040~1123). 유명한 티베트 은둔자, 시인, 금강승의 대가
*** Marpa(1012~1087). 번역가 마르파라고도 불리며 티베트의 유명한 비종교인 스승

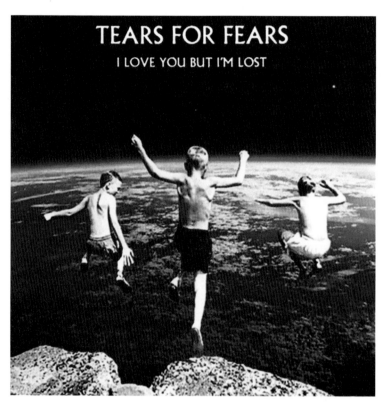

티어스 포 피어스, 〈당신을 사랑하지만 나는 길을 잃었지〉, 2017

과감하게!

본질적으로 아홉 개의 점 훈련은 우리가 가진 온갖 '기대'에 대한 질문이다. 삶이 잘 정돈된 틀 속으로 들어가기를 기대하는가? 삶이 편안하기를 기대하는가? 질병, 이별, 늙음, 죽음이 찾아오지 않기를 기대하는가? 인생이라는 거창한 계약서 제일 마지막 줄에 깨알같이 적힌 각종 예외와 구속 사항들을 애써 읽지 않고 외면하듯 우리는 제약 없는 행복을 기대한다. 그런데 이런 행복 추구야말로 한계이자 고통의 주요 원인이 될 수 있다. 우리는 어렵고 불가피한 변화를 기꺼이 맞으며 자연의 흐름에 순응하기보다 꽉 조이는 코르셋 속에 들어가 현실에 저항하고 현실을 억압할 방법을 찾는 게 아닐까.

> "나쁜 소식이 하나 있다. 당신이 지금 낙하산도, 붙잡을 것
> 도 하나 없이 허공에 던져진다는 것이다. 좋은 소식도 하
> 나 있다. 당신은 지금 바닥이 없는 곳으로 떨어지고 있다."
> - 초걈 트룽파*

삶은 완벽하게 야만적이다. 그래서 삶은 우리가 고통을 외면한 채 행복관을 가꾸면서 안전지대를 조금이라도 더 확보할 수 있게만 내버려 두지 않는다. 대신 장벽을 허물고, 불안을 기꺼이 끌어안으며 알몸으로 현실의 거대한 바닷속으로 곤두박질치게 만든다. 이런 깨달음은 명상을 통해서야 비로소 알게 된다. 초걈 트룽파의 말은 '과감함' 또는

---

* Chögyam Trungpa(1939~1987). 1970년대 미국에서 큰 영향을 발휘한 티베트 불교의 스승으로, 인습 타파의 방법으로 당시 예술가들과 지식인들 중에서도 특히 비트 세대의 작가들을 매료시킨 것으로 유명하다. '두려움 없애기'는 그의 작품 전체에서 반복되는 주제다.

우리가 처한 상황을 놀이 공간으로 받아들이는 용감한 정신에 대한 참신한 정의라고 볼 수 있다. 아무것도 기대하지 않을 때, 그래서 눈앞에 벌어지는 상황에 그 어떤 저항도 하지 않을 때, 공간은 오히려 창의성을 향해 무한히 열린다. 차라리 좋은 소식이 아닌가!

페레 보렐 델 카소, 〈비판에서 벗어나기〉, 1874

착각에서 빠져나가기

페레 보렐 델 카소의 이 작품은 또 다른 차원에서의 탐색을 제시한다. 그림 속 소년은 말 그대로, 그리고 비유적으로 틀에서 벗어나려 하고 있다. 이 장의 서두에서 소개한 작품과 달리 이 그림의 주인공은 자신의 한계에 안주하지 않는다. 대신 과감하게 헤쳐 나간다.

명상 훈련에서도 그렇듯 선행 조건들은 불필요하다기보다는 오히려 버팀목이 되어 준다. 명상 수행자가 도약을 십분 활용해서 틀에서 조금 더 가볍게 빠져나올 계획인지 액자 틀 가장자리에 몸을 바싹 붙였다. 한계로만 여겨졌던 선행 조건들은 이렇게 스타팅 블록, 즉 앞으로 나아가는 원동력이 된다. 소년의 시선에서 두려움과 놀라움 사이에서 망설이는 모습이 읽힌다면, 틀을 뛰어넘는 행위와 뒷걸음질 치는 행위 사이에서 망설이는 것처럼 보인다면, 이미 익숙하고 안락한 기존 환경을 떠나 새로운 진실을 향해 성큼성큼 진출하고 싶다는 욕망이 소년을 지배하고 있기 때문이리라.

'옛것'과 '새것' 사이에 존재하는 통과 지대는 명상 과정에 대한 퍽 아름다운 은유다. 수련이 진행될수록 명상 수행자는 새로운 조건을 만나더라도 놀라지 않는다. 대신 우리는 그에게서 유연한 태도와 호기심을 발견한다. 더 솔직히 말하자면, 그에게는 선택지가 없다. 뒤로 돌아가는 건 선택 사항이 아니다. 두려움 버리기, 낡은 족쇄들을 뒤로하기, 나의 재능을 구속하는 모든 것으로부터 해방되기라는 우선순위가 강력한 원동력이 된다. 그러다가 마침내 이 틀을 빠져나와 저 틀로 이동하고 궁극적으로 완전히 열린 시각에 도달한다.

분명한 건 아홉 개의 점으로 하는 훈련은 문제 해결 테크닉이나 조절 능력 향상에 머물지 않는다는 점일 것이다. 그보다는 경계 없는 삶을 살아 보라는, 마음의 눈속임을 끊임없이 씻어 내라는 제안이 아닐는지. 모든 착각, 특히 삶은 영원하다는 착각으로부터 스스로를 해방시키라는 제안으로 읽히지는 않는지.

5

무상함에 대해
깊이 생각해 보자

샤를 르발, 〈죽음의 춤〉, 2014

"만들어진 것은 영원할 것 같지만 곧 분해된다."

- 밀라레파

프랑크 제라르, 〈오렌지〉, 2004

죽음에서 사랑까지

명상 수련이 예외 없이 죽음과 시간의 흐름에 대한 오랜 고찰로 시작되던 사찰 시절을 기억한다. 그 시절 나는 모든 가르침을 속속들이 암기했지만, 수없이 반복하다 보니 어느 순간 아무 말도 들리지 않거나 한 귀로 듣고 다른 귀로 흘려버리는 단계가 되었다. 거부와 미성숙이 뒤섞이던 시기였다. 급기야 명상은 나와 전혀 상관없는 일로 여겨졌다.

> "이미 쇠약해질 대로 쇠약해진 노인들만이 무덤 쪽으로 기
> 울고 있다는 믿음은 우리가 하는 너무나 흔한 착각이다.
> 어린이, 청소년, 청년 등 모두가 무덤을 향해 가고 있다."
>
> - 세네카•

역설적으로 들리겠지만 시간의 유한성과 무상함을 인식하는 데 필요한 것은 시간이다. 껍질을 벗겨 내고 태양, 지구, 인간이라는 존재 혹은 평범한 과일 등 모든 차원의 생명체에 포함된 연약한 속성을 인식하는 데는 지난한 연구가 필요한 법이다. 일상의 무수한 행동 속에서도 이런 감각을 유지하며 영속성에 대한 환상에서 깨어나 죽음이 우리를 끊임없이 기다리고 있다는 사실을 기억하는 일. 그건 말처럼 쉽지가 않다.

이 모든 이유 때문에 나는 20년의 시간이 흐른 지금에 와서야 영적 전통이 제시하는 집요한 서문의 의미, 그리고 죽음이라는 주제를 명상과 밀접하게 연결하는 접점에 대해 완전히 이해할 수 있게 되었다. 이 수련은 해방의 길, 마음을 여는 길이므로 너무 오래 기다리지 말아야 한다. 우리가 마침내 누군가를 사랑하게 되고, 가진 것을 베풀고, 스스로 저지른 실수를 똑똑히 보고 만회하는 시간을 갖기도 전에 죽음이 우리를 찾아와 데리고 갈 수 있으므로 낭비할 시간이 없다. 이런 의미에서 무상함과 죽음에 대해 명상하는 것은 시간을 이해하는 한 방법이기도 하다.

• Seneca, 『*De Consolatione ad Marciam*』, A.D.40~45

필리프 드 샹파뉴, 〈덧없음〉, 17세기 초

메멘토 모리[•]

때와 장소를 막론하고 예술은 우리를 현실로 다시 데려오는 데 시간을 할애한다. 예술가들은 고전이나 현대 미술, 거리 예술, 설치 미술 등 다양한 모습으로 우리가 현실에서 벗어날 기회를 애초에 차단한다. 피카소는 이렇게 말했다. "예술은 우리가 진실을 파악하게 해 주는 거짓말이다."^{••}

예를 들어 보자. 17세기의 바니타스 정물화^{•••}에는 죽음이 새겨져 있다. 거꾸로 세운 모래시계, 해골, 금방이라도 시들 듯한 튤립 등 그림 속 모든 요소는 삶에서 죽음으로의 이동을 상징하며, 이는 누구도 피해 갈 수 없다. 식물, 동물, 광물 등의 디테일을 보고 있자면, 지금 살아 있는 모든 것은 언젠가는 변화하고 사라지기 마련이라는 진리를 반박할 힘이 도무지 안 생긴다.

필리프 드 샹파뉴의 이 작품에서 두개골은 거울의 역할을 맡는다. 그림을 보는 이를 바라보는 또 다른 누군가. 해골은 바라보는 이의 시선과 동일시된다. 보통 자화상이 그렇듯이 이 그림을 보는 사람들은 그게 누구든 언젠가는 자신의 것이 될 얼굴을 본다. 말하자면 이 작품의 실질적 주체는 그려진 대상이 아니라 관찰자 자신의 의식이다.

세상 모든 것은 늙고 노후하기 마련인데, 이런 순간을 알아차리는 방법을 전통 명상에서는 몇 가지 제시한다. 앞서 언급한 죽음과 무상함에 대한 성찰은 그중 한 가지일 뿐이다.

• Memento mori. '죽음을 기억하라'라는 뜻의 라틴어

•• 이 구절은 플로랑 펠스의 「예술가의 말 *Propos d'artistes*」(『*Bulletin de la vie artistique*』, 1923년 6월)에 수록되어 있다.

••• Vanitas. 죽음, 시간의 흐름, 물질과 권력의 부질없음을 우화적으로 표현한 화풍이다. 17세기 회화의 지배적인 독립 장르가 되어 '메멘토 모리'의 개념을 예술적으로 표현하게 되었다.

작자 미상, 장례 기념물: 사체상, 1526

그러니 나를 이용하라*

호흡의 연약함을 명상하는 것은 살아 있는 존재가 얼마나 유약한가를 철저히 깨닫게 되는 가장 일반적인 수련법 중 하나다. 구체적으로 날숨에 주의를 기울이는 것은 초연함에 대한 감각을 가꾸는 방법이다. '신체 32개 부분'**이라고 불리는 명상 또한 영원한 '나'에 대한 굳건한 믿음에 유연성을 부여한다. 이 명상에서 수행자는 신체를 구성하는 기관, 뼈, 액체의 이름을 하나하나 마치 눈에 보이는 듯 입으로 되뇌면서 자기 정체성이 조절되고 변화되어 가는 모습을 알아차리는 법을 배워 나간다. 조금 더 급진적인 방법도 있다. 기독교와 마찬가지로 불교의 특정 명상은 인생의 끝자락에서 우리를 기다리고 있는 것이 무엇인지 온 마음으로 깨닫기 위해 사체 분해***의 전 과정을 따를 것을 권하기도 한다.

그런데 역설적으로 들릴지 모르지만 명상이나 미술에서 제시하는 이런 방법들은 죽음을 향한 불길하고 음산한 취향과는 거리가 있다. 역사가 앙드레 샤스텔은 '죽음의 비옥함' 또는 '완전한 삶으로의 초대' 등으로 바니타스의 의미를 설명한 바 있다. 르네상스의 사체상 역시 우리를 제압하거나 억누르려는 느낌은 없다. 리얼리즘의 극단이라고 여겨지는 이 작품이 의도하는 바는 단 하나, 우리를 깨어 있게 하는 것이다.

- 뒤에 나오는 피에르 드 생루이의 시에서 차용
- 신체 32개 부분에 대한 명상 또는 팔리어로 파티쿨라마나시카라Patikulamanasikara라는 소승 불교의 전통 수행법
- 불경에서는 존재의 소멸에 대한 성찰을 돕기 위해 납골당이나 시체 더미를 바라볼 것을 권한다. 기독교, 특히 이탈리아 남부에서는 일부 종교인이 고인의 시신을 지하 '무덤실'에 보관했다. 보통 교회 지하에 위치한 이 방에 시체를 옮긴 후 해골로 변화할 때까지 의자 위에 앉혀 뒀다. 성직자들은 기도를 하며 이 과정을 함께하고 시간이 흐르면 뼈를 모아 납골당으로 옮겼다.

"내 눈구멍과 머리카락 한 올 남지 않은 두개골에서
내가 어떻게 죽었는지, 너희는 어떻게 죽게 될지 똑똑히
보라. (…)
지금 너희가 보고 있는 것이 곧 나다.
그러니 나를 너희의 거울로 이용하라."

- 피에르 드 생루이*

흡사 유골의 발언과도 같은 시인의 이 말은 의식적으로 살아가라는
기도이자 염불이다. 죽음은 우리에게 편하게 말을 건네며 부드럽게 한
손을 내밀어서 살아 있는 자들을 보살핀다.

---

* Pierre de Saint-Louis(1626~1684). 프랑스 시인이자 종교인. 이 12음절 시는 1668년
에 쓴 『마그달레이드 *Magdaléïde*』에 수록되었다.

Quilquis ades tu morte cades sta respice plora ·
Sum quod eris modicum cineris pro me precor ora ·

아르투스 볼포르트, 〈성 히에로니무스〉, 1630년경

아름다운 친구*

아르투스 볼포르트의 이 작품은 인간이 죽음과 친숙해질 수 있다는 증명이다. 그림을 보면 성 히에로니무스의 한 손이 해골 위에 다정히 얹혀 있다. 죽음에 손을 가져감으로써 에너지를 끌어 올리기라도 하듯, 그림 속 인물은 해골에 전적으로 의지한다. 죽음과 성자는 서로를 전폭적으로 응원하는 관계인 것만 같다.

언뜻 보면 썩 유쾌하지 않은 장면이지만, 예술과 명상 전통에서 제시하는 프리모텀pre-mortem, 즉 죽음을 상상하고 미리 체험하는 일은 이 그림에서 다정하고 유익해 보인다. 왜냐하면 명상과 예술 모두 죽음을 잊는 것은 고통의 원인이지 그 반대가 아니라는 사실을 알려 주기 때문이다. 인생의 무상함을 외면하고 매번 다른 것으로 대체한다면 오히려 더 큰 위험을 향해 달려가는 셈이다. 스스로를 과신할수록 욕심, 증오, 오만 등 (스스로와 타인 모두에게) 고통을 줄 수 있는 감정들이 둥지를 트는 법. 삶은 유한하다는 인식과 친해지기, 그것은 어떤 의미에서 스스로를 지키는 방법, 조금 더 가볍게 살아가는 한 방법이다.

이런 맥락에서 본다면 죽음의 얼굴은 위협적이기는커녕 오히려 친숙하다. 죽음은 매 순간, 한마디 한마디, 한 동작 한 동작 할 때마다 등장하는 '방향의 조언자'가 된다. 죽음을 기억하는 것. 그것은 길을 잃지 않고, 내 행동의 주인이 되고, 마지막 숨을 몰아쉬는 바로 그날 아무것도 후회하지 않기 위한 하나의 방법이다.

명상은 인간이라는 존재에 대해 어둡고 부정적인 이미지를 키우게 하지 않는다. 반대로 존재에 의미를 부여하며 기쁨을 가져다준다. 매 순간을 마치 선물인 것처럼 살아가고 우리가 보통 '삶'이라고 부르는 현상을 기적으로 여기게 하는 환희를.

---

* 이 제목은 도어즈의 노래 〈끝The End〉(1967)에서 착안했다.

스페이스 인베이더, 〈PA_1332〉, 2017

영원하다는 말의 기쁨과 착각

바니타스 시대에 최후의 심판을 근거로 하는 금욕적이고 엄혹한 수행의 윤리가 기저에 깔려 있었던 반면, 명상의 관점에서 죽음은 삶의 즐거움과 감각적 쾌락을 방해하지 않는다. 여기서의 죽음은 교훈도 훈계도 강요하지 않는다. 명상은 매 순간을 충만하게 누리게 해 주고 그럴 수 있는 방법들을 제안한다. 그렇다고 해서 영원한 쾌락을 누릴 수 있다는 착각에 빠져서는 안 된다. 햇살을 받으며 평온하게 마신 한 잔의 포도주* 때문에 다음 날 아침 지독한 편두통이 생길지 누가 알겠는가. 한순간 좋았던 일은 오래지 않아 끝나기 마련이고 그 반대도 마찬가지다. 명상은 그러므로 쾌락의 절제가 아니라 쾌락을 기대하는 마음에 대한 절제다. 무언가를 기대한다는 것은 그 자체로 고통의 근원이기 때문이다. 기대 심리는 표적을 찾지 못하고 방황하는 희망 속에 현실을 가두고, 실제 대상과 우리의 바람 사이에 더욱 깊은 늪을 만든다.

> "무슨 일이든 너희가 원하는 대로 되게 하려 애쓰지 말고,
> 그저 일어나는 대로 놓아두라. 그러면 행복해질 것이다."
> - 에픽테토스**

산스크리트어로 '고통'을 뜻하는 두카dukkha는 인간의 관점이 사물의 자연스러운 과정과 더 이상 어우러지지 않을 때 느끼는 절망 상태를 묘사하는 말이다. 이때 무상함에 대한 명상 훈련은 인간이 재현한 현실

---

* '메멘토 모리'(87쪽 각주 참조)의 의미를 강조하기 위해 아티스트 인베이더는 파리 5구에 위치한 카페 르 파사주 외벽에 이 스트리트 아트 작품을 남겼다. 이 작품은 특히 고대인들이 모자이크로 만든 메멘토 모리와의 연속선상에 놓인다는 점에서 상징적이다.

** Epiktētos, 『Manuel』(VIII), 1세기 말~2세기 초

과 있는 그대로의 현실 사이의 거리를 줄이는 데 도움을 준다. 이 명상이 변화, 이별, 그리고 상실에서 오는 고통을 덜어 주진 못하겠지만, 적어도 다른 고통을 더해 주지는 않는다는 장점이 있다.

우리 시대의 심리학자들은 모두 엇비슷한 결론에 도달한다. 행복은 기대하지도 기다리지도 않을 때 얻어진다는 것.[*] 유쾌하거나 불쾌하거나 이도 저도 아닌 일 등을 전부 겸허히 받아들일 준비가 되었을 때 우리의 경험이나 자세 또한 유연해진다. 미국 심리학자이자 마음챙김 명상 강사 타라 브랙은 이 조건 없는 열림의 상태를 두고 '거대한 예스' 또는 '철저한 수용'[**]이라고 불렀다.

[*]   B. A. Wallace, S. L. Shapiro, 2006. Rebecca Shankland, 『*La Psychologie positive*』, Dunod, 2012에서 재인용

[**] Tara Brach, 『*L'Acceptation radicale*』, Belfond, 2016

빅토리아 시머, 〈리마인더-당신은 언젠가 죽을 것이다〉, 2014

회춘과 바람 좇기*

지난 2600년 동안 전통 명상은 무상함과 죽음을 전면에 내세우기 위해 노력해 왔지만, 신경 과학 마케팅에서는 명상이야말로 곧 장수의 비결임을 수년째 강조하고 있다. 가령 소셜 미디어는 '명상과 더불어 젊음 유지하기'라든가 '마음챙김 명상으로 오래 살기'** 등을 광고한다. 규칙적인 명상을 통해서 노화를 담당하는 효소로 알려진 텔로미어의 길이를 늘여 준다면 수명 연장에 도움이 안 될 것도 없다.

물론 명상이 유전자에 작용해서 신체적으로나 심리적으로 많은 장점을 가져다준다는 점은 기분 좋은 일이지만,*** 모든 과학 연구에는 이면이 존재한다. 장수를 목적으로 속임수를 부리고 회피의 메커니즘만 계속 작동시키다가는 궁극적으로 더 큰 고통을 야기한다.

빅토리아 시머의 작품과 같이 명상의 길은 우리에게 종종 시간의 리마인더를 제시한다. 그런데 이는 우리의 착각을 없애라는 의미지 착각을 더욱 살찌우라는 얘기가 아니다. 즉, 노화에 반대하고 거부하기보다 그것을 이해하고 수용하라는 의미다. 따라서 명상은 오래 살고자 하는 희망이 아니라 삶을 있는 그대로, 영원하지도 않고 필연적으로 고통스러울 수밖에 없는 것으로 받아들이는 일과 관련된다. 그 어떤 경우에도 명상은 우리에게 고통을 부정하라고, 나이 듦을 거부하라고 요구하는 법이 없다. 명상은 오히려 이런 것들을 오롯이 끌어안으라고 말한다. 오직 이 방법으로만 우리는 더 행복해지고 매시간을 소중히 보듬게 된다.

---

* 이 제목은 「전도서」의 다음 구절에서 따왔다. "모든 것이 헛되고 바람을 좇는 것 같다."

** 인터넷에는 이와 관련해 '명상으로 텔로미어 길이 늘이기', '명상은 어떻게 수명을 연장시키는가?', '텔로미어가 어떻게 당신을 젊고 건강하게 만드는가?' 등의 글이 있다.

*** 규칙적인 명상은 염증과 혈압의 위험을 줄이고 건선, 제2형 당뇨병을 예방하고 면역 체계를 강화해 주며 통증(특히 만성 통증)을 없애 줄 뿐 아니라 스트레스의 원인이 되는 호르몬 생성을 감소시킨다. 더 자세한 내용은 goamra.org에서 확인할 수 있다.

프란시스코 데 고야, 〈수프를 먹는 두 노인〉, 1819~1823

적절함과 지나침에 대하여

외모와 성과에 지나치게 집착한다면 명상의 본질에 다가가기는커녕 애초 연민과 깨달음의 길이었던 것을 통제와 구속의 길로 바꿔 버리고 마는 게 아닐까?

강사, 연구원, 언론인 등 명상을 설파하는 이들에게 윤리 의식이 없다면 명상 수행은 하나의 도구로 전락하는 신세가 된다. 본래 명상의 목적은 개인의 안락을 위해 현실을 조작하는 데 있는 게 아니라, 사람과 사람 사이에 존재하는 고통의 근원을 좀 더 잘 이해하고 현실을 받아들이는 데 있기 때문이다.

분명 텔로미어의 영상을 보여 주면서 명상을 홍보하는 것이 병상에 누운 노인의 모습을 보여 주는 것보다 상업적으로 더 영리한 방법이고 보기에도 더 그럴싸하다고 말하는 이들도 있을 것이다. 하지만 이런 상술은 유익하지 않을 뿐 아니라 명상의 정신과도 어긋난다. 다시 한 번 말하지만, 전통 명상에서 노년, 질병, 죽음에 대한 주제를 아주 중요하게 다루는 것은 명상이 잔주름을 예방하거나 '영생이라는 보험'을 제시해서가 아니다. 명상은 삶이라는 거대한 불확실성을 두 눈으로 똑똑히 목격하게 함으로써 인간에게 겸허함을 알려 준다.

고야가 그린 두 노인처럼, 노년의 모습을 있는 그대로 보여 주는 편이 젊고 건강한 여성의 몸을 드러내는 것보다 일관성 있고 효과적이다. 과학이 얼마나 발달했든 명상은 결코 인간에게 불멸을 가져다주지 않으며 그 어떤 것으로부터도 인간을 지켜 줄 수 없다. 다만 현실 부정, 불교에서 말하는 무지와 관련된 고통, 또는 타인과 분리된 영원한 자아에 대한 믿음으로부터만 지켜 줄 수 있을 뿐.

6

점점 사라져 가는 것들을
응시해 보자

장바티스트 샤르댕, 〈비누 거품〉, 1734경

"천 가지 악으로 바람을 때려눕히는 이 생명이
물거품보다도 약하다면, 잠들었다가 다시 깨어나
숨을 쉬고 있다는 것은 기적이 아닌가."

-나가르주나•

• 『Lettre à un ami』, 55절. 1세기

존 에버렛 밀레이, 〈비누 거품-어린이의 일〉, 1896

인간은 비누 거품이다˙

그림 속 아이의 시선이 궁금해진다. 죽음에 무심한 성화의 천사들과 다르게 그림 속의 아이는 사물과 시간의 본질을 본능적으로 이해하고 있는 것만 같다. 언제라고 예상할 수는 없겠지만, 아이의 비누 거품은 터지게 되어 있다. 근심에 젖은 것만 같은 아이의 표정에서 나는 같은 또래 내 아들의 얼굴을 본다. 죽음이 무엇인지, 시간의 흐름은 또 무엇인지 수도 없이 질문하던 아이의 목소리가 들려온다. 그리고 메아리처럼, 내 유년의 한 장면이 수면 위로 떠오른다. 처음엔 정지된 시간, 바닷가에서 보낸 영원과도 같은 시간이. 그러다가 이내 둔탁한 소리처럼 생애 마지막 순간에 대한 예감이 찾아온다. 버드나무 아래 묻힌 참새의 침묵, 주름이 자글자글한 할머니의 두 손, 그리고 할머니 손등의 혈관을 타고 오르면서 영원히 날아가 버린 무한의 유년, 그 겨울의 어느 일요일.

태어날 때부터 우리는 아주 사사로운 것들을 통해 본능적으로 무상함을 인식하게 된다. 하지만 세상에 태어난 첫해부터, 그리고 나이를 먹어 갈수록 날카로운 직관은 점점 희석된다. 한 사람의 정체성이란 마치 기억의 일부를 놓치면서 비로소 완성을 향해 간다는 듯, 명백히 이어지는 나날들의 무상함을 자꾸만 외면한다.

섬세하게, 그리고 생기 있게 터지는 비누 거품처럼 명상은 우리에게 무언가 중요한 것을 환기해 주는 역할을 맡는다. 명상이 진행될수록 잊고 지냈던 죽음이 다시 떠오르고 우리는 유년의 그 시점으로 아주 정확하게 돌아간다. 이쯤 되면 우리는 단지 힘없는 유한의 존재로 살아가고 있다는 인식이 생겨난다.

˙ 16세기 말, 비누 거품은 덧없는 시간의 상징이었다. '인간은 거품이다'라는 뜻의 라틴어 '호모 불라Homo bulla'는 1599년 자크 더 헤인Jacques de Gheyn의 판화에 처음 등장한다. 이 주제는 이후 20세기까지 수많은 해석을 불러일으킨다. 존 에버렛 밀레이의 이 그림도 그중 하나다.

헨드릭 골치우스, 〈누가 빠져나갈까?〉, 1594

손에 쥘 수 없는 것을 눈에 보이게 하는 방법은 없을까? 형태도 색도 없는 것을 어떻게 표현하지? 미세하고 형태도 없는 호흡을 시각적으로 표현하는 것은 거의 불가능한 일 같다. 손으로 만져질 듯 그려 낸 작품 또한 극히 드물다.

헨드릭 골치우스의 판화에서 우리는 호흡을 볼 수 있다. 여기서 두개골과 가볍게 떠다니는 비눗방울은 생명의 유약함을 의미한다. 잠시 미세한 입자 속에 갇힌 숨결은 동작을 멈추고 영혼을 내려놓을 준비가 되어 있다. 허영을 의미하는 프랑스 단어 '바니테vanité'의 원뜻은 '가벼운 숨결' 또는 '덧없는 수증기'*다.

호흡에 주의하라고 권하는 명상의 메커니즘 역시 이와 다르지 않다. 명상은 숨결의 존재를 구체화하면서 점점 사라지는 것을 느끼게 해 준다. 서서히, 호흡은 들숨과 날숨의 지루한 반복이 아니라 변화무쌍하고 생생하며 본질적으로 충만한 경험으로 다가올 것이다.

명상 수행자는 몸을 횡단하는 산소가 언제라도 본래의 장소로 돌아갈 것임을 인지하고 있다. 따라서 호흡을 어떤 일에 대한 결과라든가 시간 속에서 발생한 현상이 아니라 현재, 바로 이 순간 자체로 경험할 수 있다.

---

* 히브리어로 'Hèvèl' 또는 'Hèbèl'인 '헛됨'이라는 단어는 「전도서」의 "헛된 것들 중 헛된 것, 모든 게 헛되다"라는 문장에서 문자 그대로 '조만간 걷히는 안개' 또는 '아침 안개'를 의미한다.

얀 반 데르 코이, 〈얼어붙은 창〉, 2018

호흡

내 방에서 있었던 일이다. 3년 동안의 칩거 생활* 중 두 번째 해였다. 겨울은 천천히 흘러가고 있었다. 딱히 명상을 하고 있지는 않았다. 마음이 이 구석에서 저 구석으로 부유했다. 나의 주의는 이미 한참 전에 내 숨결을 떠났다. 내 생각들 역시 여기저기 흩어진다. 두툼한 침묵 속을 새의 지저귐이 파고든다.

산만해진 나는 창문으로 시선을 옮겨 본다. 그러고는 눈앞의 모든 게 불투명한 걸 발견하고는 깜짝 놀란다. 내가 내쉰 호흡이 유리창을 온통 뒤덮었다. 결로 현상이었다. 그전까지 단 한 번도 본 적 없던 내 숨결이 이제는 손으로 만질 수 있는 상태가 된다. 나도 모르게 한 손을 유리창 쪽으로 뻗어 손가락으로 글씨를 쓴다.

'삶'이라는 단어가 유리창 위로 굵은 물방울을 떨구며 흘러내리자 맑은 하늘을 가르는 나뭇가지들이 눈에 들어온다. 마치 눈에 보이지 않는 숨결이 그렇게 만든 것처럼 나무들이 가볍게 흔들린다.

바로 이 순간, 나는 더 이상 생각을 하지 않는다. 오롯이 되돌아오는 나라는 존재. 나의 주의는 나뭇가지에 고정되어 흔들림과 함께 어우러진다. 나뭇가지를 에워싼 공간과 나의 인식이 한데 뒤섞인다. 내 숨결은 이제 더 이상 육체 속에 갇혀 있지 않다. 숨결은 내 안과 밖 모두에 있다. 톡 하고 터지는 비눗방울처럼 숨결이 나의 온 세계가 된다. 내가 그 안에 있다.

---

* 이 시기에 대해서는 이미 앞에서 언급한 바 있다.

루이 더 모니, 〈레이스를 두른 여자와 비눗방울을 부는 남자〉, 1742

지혜와 연민

첫눈에는 가볍게 보일 수 있어도 두 번 볼 때부터는 긴장하게 만드는 그림.

남자의 한 손은 금방이라도 터질 듯한 비눗방울을 들고 있고, 다른 한 손은 여성의 어깨에 살며시 얹혀 있다. 소박한 주제와는 거리가 멀다. 모든 집착은 제아무리 깊이가 있다 해도 시간과 함께 사라지게 마련이라고 말하는 그림 같다. 마치 동작 하나에 서로 상반되는 진실을 한데 모으듯, 남자의 양팔에는 인간을 조건 짓는 특징 두 가지가 놓여 있다는 점이 매우 상징적이다. 한쪽 팔에는 우리가 맺는 강렬한 사랑이나 애정이, 다른 한쪽에는 피할 수 없는 헤어짐이.

불교의 세계는 아니지만, 이 그림을 보고 있자니 본래 너무나 다른 두 가지 자질을 동시에 기르게 해 주는 과거의 가르침이 생각난다. 두 가지 자질이란, 지혜나 사물의 덧없는 속성에 대한 이해, 그리고 다른 한편으론 사랑이다. 명상의 길을 갈 때 이 명령은 수련 가이드나 다름없다. 사랑에 지혜가 결핍되어서 의존, 소유욕 또는 맹목적인 열정으로 변질될 때 제어 장치 역할을 하는 것은 다름 아닌 무상함에 대한 인식이다. 반대로 연민과 사랑은, 지혜가 냉소적이거나 지능 중심으로 전락할 때 얼어붙은 마음을 녹여 유연한 자세를 갖게 해 준다.

이 두 가지 속성 사이에서 커서 역할을 하는 것이 바로 명상이다. 아닌 게 아니라 그림 속 남자의 두 팔이 언뜻 커서처럼 보이기도 한다. 명상은 수행자에게 가야 할 길을 보여 주거나 우리가 맺는 관계에서 유지하고 적용해야 할 자세가 무엇인지, 명철함과 유연함 사이에서 올바르게 균형 잡는 법은 무엇인지 알려 준다.

7

조금 다른 시선으로
생각을 바라보자

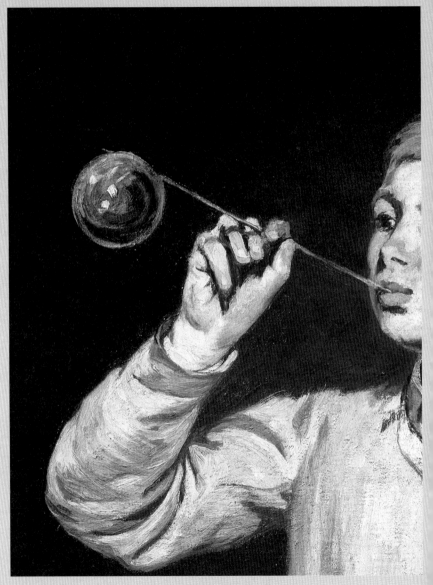

에두아르 마네, 〈비눗방울〉, 1867

"내 가벼운 생각들을 기꺼이 그려 보도록 하지.
그런데 이런 생각을 하는 동안 생각이
이미 바뀌어 버렸네…….."

- 에티엔 뒤랑•

•   시 「Stances à l'inconstance」 일부, 17세기

영화 〈마지Margie〉 속 배우 진 크레인.
사진 피터 스택폴, 1946

생각과 비누 거품

역시 거품을 주제로 한 이 사진은 명상가와 그의 생각의 관계를 아름답게 표현하고 있다.

흔히 듣는 말과는 달리 명상하는 사람은 이런저런 생각을 머릿속에서 지우려고 애쓰지 않는다. 다만 거기에 의존하지 않으려 할 뿐이다. 우리의 마음이란 움직이는 모든 것(욕망, 의견, 각종 이야기 등)을 뒤쫓는다는 사실을 잘 알게 된 이상, 그리고 안정적인 관심이나 협조적인 마음 상태를 더 기대하지 않는 이상, 이제 전과 같은 방식으로 자기 생각을 바라보지는 않는다. 사람들이 하는 말에 집착하고 거기에 자기를 맞추는 대신, 이제부터는 비누 거품을 가지고 노는 사진 속 여성처럼 편안하고 경이에 찬 얼굴로 마치 한 편의 연극을 감상하듯 살아 있는 자기 마음을 가만히 응시할 뿐이다.

자기 숨결에 주의를 기울이는 것만이 존재의 회복을 가져오는 건 아니다. 나타났다 사라지곤 하는 생각들을 붙들어 두지 않고 가만히 관찰하는 일 또한 중요하다. 마음이 끓어오르는 순간이 언제인지 알아차리는 것은 새로운 자세다. 자기 생각과 자기 자신을 비누 거품 안에 가두어 두는 대신, 명상 수행자는 사진 속 여성 못지 않은 차분함으로 마음의 착각이 빚는 무지갯빛 유희를 관찰한다. 빛의 유희가 시작된다 해도 이는 다만 생각의 착각임을 알고 있으므로 불안해질 이유는 없다.

요한 멜히오르 비르슈, 〈비눗방울 또는 장 아나톨 로랑스의 초상〉, 1784

해체

요한 멜히오르 비르슈의 그림 속에서 우리는 한 젊은 남자의 날카로운 시선을 본다. 명상을 할 때 우리의 주의가 얼마나 날카로워지는지를 여실히 보여 주는 시선이다. 거듭 말하지만 명상을 한다는 것은 자기 생각에서 도망치는 것이 아니다. 생각에 맞서고 그 기원으로 거슬러 올라가 근본을 이해하는 것이다.

일단 생각을 인지한 관찰자는 거기서 멈추지 않는다. 관심이 무엇인가에 따라 생각을 거른 다음, 걸러진 생각들에 대한 연구와 조사를 시작한다. 그런데 의식과 그것의 형성이 서로 만나는 순간 생각은 사라진다. 주의의 바늘에 찔리기라도 한 듯 생각의 비눗방울이 팡 터져 버린다.

이런 과정을 전통 불교에서는 눈송이가 따뜻한 지면에 닿는 순간으로 묘사한다. 어떤 사물이 관찰되는 찰나의 순간, 다시 말하면 관찰자의 인식에 닿는 그 순간, 생각은 자연스럽게 녹아 사라진다.

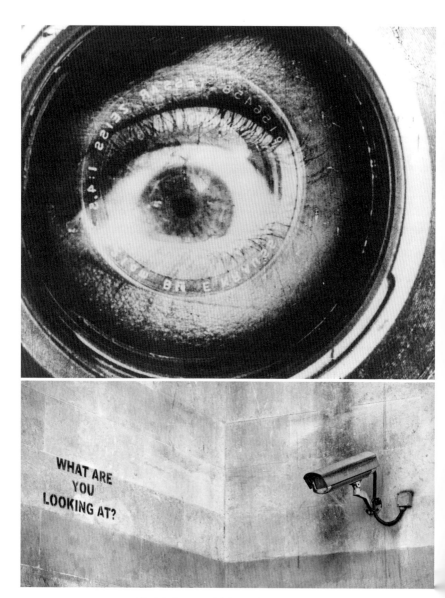

위) 지가 베르토프, 〈카메라를 든 사나이〉, 1929
아래) 뱅크시, 〈무엇을 보고 있는가?〉, 2004

깊이 바라보기*

고찰의 과정은 더 멀리 나아간다. 명상이 생각의 근원으로 돌아가게 하는 것이라면 이제부터는 생각의 관찰자 또한 질문의 대상이 된다.

지가 베르토프 감독의 영화 〈카메라를 든 사나이〉에서 관찰 렌즈는 메인 카메라맨을 향한다. 이제 관찰하는 사람이 관찰의 대상이 된다. 명상가-영화인은 자신이 촬영하고 있는 대상뿐 아니라 촬영하는 사람, 즉 자기 자신에 대해서도 알고 싶어 한다. 그렇지만 명상하는 자신에 대한 이해는 심리적 이해나 소크라테스가 남긴 말 "너 자신을 알라"와는 다르다. 그것은 인식의 기원과 정체성까지 거슬러 올라간다.

〈무엇을 보고 있는가?〉. 뱅크시의 작품 속에서 카메라에 찍힌 대상이 카메라를 향해 묻고 있다. '무엇을 보고 있는가?'라는 말은, 마치 명상 과정에서 생각이 생각하는 사람에게 던지는 질문처럼 들린다. 당신 시선의 근원에 서 있는 이 '나'는 도대체 누구인가?

촬영된 대상이 카메라에 말을 거는 것과 같은 방식으로 생각은 명상 수행자에게 말을 건다. 명상 수행자는 정체성을 가느다란 빗살 사이로 통과시키듯 미세하게 나누어 기원을 찾고자 의식으로 향하지만, 결국 출발점이나 위치를 파악하기는커녕 의식의 주인이 누구인지조차 알아내지 못한다. 의식은 어디에나 있고 어디에도 없기 때문이다. 몸 안에도, 밖에도 없다. 시작도 끝도 없다. 고정된 윤곽선을 가진 '나'는 사상가를 자처하는 그 누구의 눈에도 띄지 않는다.

본질적으로 텅 비어 있는 그의 생각처럼 생각을 관찰하는 이의 정

---

* '깊이 바라보기' 또는 '꿰뚫어 보기'는 '위파사나vipassanā'라고도 불리는 명상 수행의 한 단계를 일컫는다. '사마타samatha' 또는 '마음의 평정' 단계를 지난 다음 행해지는 이 접근 방식에서는 자기 정체성의 뿌리와 의식의 기원을 관조하기 위해 주의나 마음 챙김을 연습한다.

체성도 허공에 흩어진다. 비눗방울처럼. 명상 수행자가 자신에게 경계선이 없다는 것을, 자신을 둘러싼 환경에서 분리되어 영구적인 '나'라고 여겨 왔던 것이 실상 '인식의 시각적 착각'*에 불과했음을 깨닫게 되는 건 바로 이 무렵이다.

---

* 1950년 아인슈타인이 친구에게 쓴 편지에서 인용했다.

8

정신의 생김새를
그려 보자

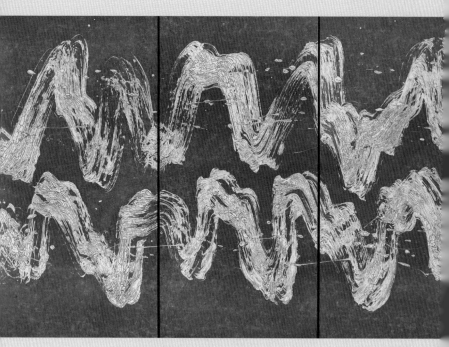

파비엔 베르디에, 〈하얀 소음(파장과 입자)〉, 2016

"일렁이는 강가에 앉아 있어 보라.
흘러가는 강물을 보게 될 테니."

- 장바티스트 샤시녜, 17세기

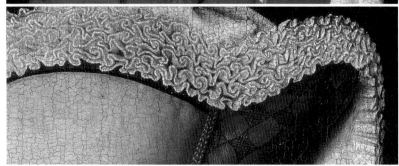

얀 반 에이크, 〈마르가레타의 초상〉, 1439

곱씹기에서 비동일시로

명상의 관점에서 얀 반 에이크의 그림 속 여성 인물의 꾸불꾸불한 머리 장식은 마음의 굴곡에 비유할 수 있다. 연상 작용으로 생각과 생각이 꼬리를 물고 연결되어 마침내 긴 시나리오 한 편이 완성된다.

그나저나 마음의 이야기는 구불거리며 무척이나 분주하게 움직이는데 정작 마르가레타 자신은 마음이 만들어 내는 이야기와는 무관하게 초연해 보인다. 이야기의 내용이 어떻든 조금도 휘말리지 않는 듯, 생각들이 배경 속에서 저 혼자 생겨났다 사라져도 신경 쓰지 않겠다는 듯, 꿈틀거리는 머리 위 장식은 여성 인물에게 정작 어떤 영향도 미치지 않는 것만 같다. 맑고 예리한 시선. 마르가레타는 꿰뚫어 보고 있는 듯하다.

그것이 판단이든, 관점이든, 기억이든, 기대감이든, 유쾌하거나 불쾌한 생각이든, 명상 수행자의 자세는 한결같다. 마음속 자잘한 이야기에 휘말려서 부풀리거나 마음속에서 벌어지는 모든 혼란을 꾸역꾸역 삼키기보다, 마르가레타는 그 모든 것과 거리를 유지하고 무심한 듯 한 발짝 멀리서 바라볼 뿐이다.

그러니까 이 그림은 심리학에서 '인지적 거리 두기'라고 하는 것과 전통 명상에서 '비동일시'라고 부르는 것을 동시에 보여 준다. 내용에 휩쓸리지 않고 자기 생각의 정체를 명철하게 인식하는 주의력을 완벽히 담아냈다.

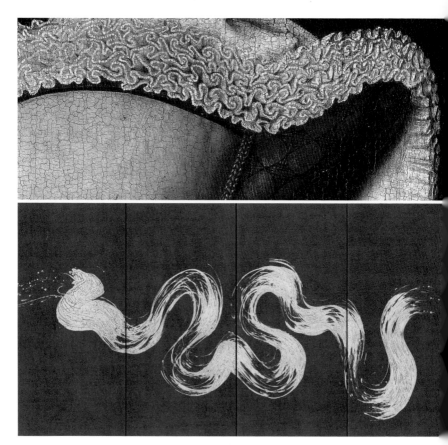

위) 〈마르가레타의 초상〉 상세
아래) 파비엔 베르디에, 〈마르가레타 II - 반 에이크를 위한 오마주 - 생각의 미로〉, 2011

생각의 물굽이에서

이 머리 장식에 매료된 화가 파비엔 베르디에는 거의 6세기가 지난 후에 이 작품을 또 다른 모티브로 재해석했다. 파비엔의 작품에서 마음속 구불구불한 생각, 즉 생각의 미로는 단순한 물결로 치환되었다.

명상을 할 때 생각은 고체성을 상실한다. 생각은 이제 더 이상 문자 그대로 받아들여지지 않고 유동적이어서 거의 투명한 액체 상태가 된다. 물처럼 손에 잡히지 않고 급류처럼 긴박하며 모든 변화에 순응하는 생각들은 파도, 소용돌이 또는 영원한 변화일 뿐이다.

명상 수행자가 가상의 강가에 앉아 있다. 이제부터 물결을 따라가지 않고 마음의 흐름을 응시한다. 그의 의식은 크리스털처럼 맑다. 폭포가 아무리 격렬하게 쏟아진다 해도 그는 강둑에 그대로 앉아 있다. 아무리 재미있고 설득력 있는 이야기도 곧 힘을 잃고 물결을 따라 무심히 떠내려간다.

그는 생각을 부풀리고 그 내용을 샅샅이 해부하는 것보다 생각의 본질을 이해하는 데 더 많은 시간을 할애한다. 그는 생각이 수면 위로 파문처럼 나타났다가 사라지도록 내버려 둔다. 가만히 가만히.

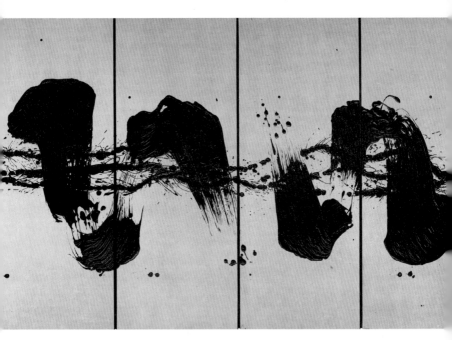

파비엔 베르디에, 〈하얀 멜로디〉, 2015

하얀 멜로디

생각이란 심장 박동이나 들숨과 날숨처럼 자연스러운 것이므로 우리는 더 이상 자기 생각을 억누르거나 제거하려 하지 않는다. 들숨과 날숨의 간격에 대해 염려하지 않듯이 우리는 생각의 산만한 기복 앞에서 놀라는 법이 없다.

한 발짝 뒤로 물러서듯 끊임없는 파동을 전체적으로 바라본다. 우리의 생각은 곧 의식의 뇌전도다. 마음의 형태는 다른 형태들도 알게 될 것이다. 아주 자연스럽게. 움직임이야말로 사물의 본질이므로, 우리는 방해받지 않으면서 마음이 모든 종류의 파도를 지나갈 수 있도록 가만히 내버려 둔다.

물론 생각의 강물은 계속해서 흐르지만, 주의의 관점에서 본다면 생각들은 우리를 차분하게 만든다. 명상 수행과 자주 연관되는 개념, 즉 평온은 이제 더 이상 정신적 침묵의 개념이 아니라 세상의 소음에 대한 완벽한 수용이다. 평온은 생각의 소멸이 아니라 생각에 집착하지 않는 상태다. 생각이 이미 자연스럽게 비어 있는 상태라는 걸 알고 있으므로 더 비워 내려고 발버둥 칠 필요가 없다. 이제 우리에게는 모든 종류의 즉흥적 산물이 스쳐 지나가는 의식이 된 것만 같은 매우 특별한 느낌이 남는다. 스쳐 갈 물감을 기다리는 텅 빈 캔버스처럼.

〈하얀 멜로디〉, 〈영원한 움직임〉, 〈전파〉, 〈물결〉 등 파비엔 베르디에의 작품 제목들은 전부 우리가 생각과 맺는 모든 종류의 관계를 증명한다. 이제 안정성은 동작의 정지가 아니라 모든 동작을 온전히 수용하는 상태를 의미하게 된다. 어떤 내용을 담고 있든 생각은 움직임의 자유로운 표현이 된다.

9

현실이란
무엇인가

클로드 모네, 〈수련: 아침의 버드나무들〉, 1915~1926

"나는 다만 미지의 현실과의
긴밀한 상호 관계 속에서 겉으로 드러나는 것들을
극대로 담아내기 위해 노력할 뿐이다."

- 클로드 모네

클로드 모네, 〈수련: 구름〉, 1915~1926

가까운 모네, 먼 모네

모네의 작품, 특히 〈수련〉 연작을 어느 정도 거리를 두고 감상하면 뚜렷한 형상이 드러난다. 그림은 비유적이다. 바라보는 사람은 본인이 무엇을 보고 있는지 확신한다. 그는 지베르니와 정원을 알아본다. 그 유명한 다리가 있고, 버드나무, 수련이 있다. 물의 영역은 하늘의 그것과 선명히 구별된다. 모든 요소가 다르다.

그런데 시선이 조금씩 흔들리는가 싶더니 형태가 흐려진다. 구름이 어디에 있는지, 연못 속인지, 하늘에 있는 건지, 나뭇가지들은 뿌리에서 시작하는지 잎새에서 시작하는지 더는 알 도리가 없다.

가까이 다가갈수록 눈앞에 들어오는 자연에 대한 우리의 확신은 사라진다. 구체적인 형상들이 흩어지면서 순수한 감각, 윤곽이 허물어지고 뭉그러지듯 다른 것들과 뒤섞인 세계가 등장한다.

명상 경험과 유사하게, 화가의 작품은 현실의 경계선들을 조금 더 유순하게 만들어 주고 형태와 비형태 사이, 존재와 비존재 사이의 이원성에 마침표를 찍는다. 이로써 우리는 세상 만물을 연결하는 눈에 보이지 않는 관계를 마침내 느낄 수 있다.

콘래드 존 고들리, 〈천상과 지상 사이 #84〉, 2014

같은 원료로

전통 명상에서는 같은 현실의 두 얼굴을 묘사하기 위해 구상과 추상을 대립시키지 않는다. 다만 상대적 차원과 궁극적 차원의 공존에 대해 말할 뿐이다.

상대적 차원에서 보이는 세계는 서로 다른 본질들과 사물들로 이루어진다. 예를 들어 콘래드 존 고들리의 이 그림 속에는 산이 당당하고 굳건히 우뚝 솟아 있다. 그런데 조금 더 '궁극적' 수준에서 살펴본다면, 이 산은 그림 속 다른 요소들과 분화되지 않아서 그 실체를 상실한다.

위베르 리브스[*]는 이렇게 말한다. "산을 바라보고 있으면 내 앞에 분명히 존재하는 것 같지만, 가까이 다가가면 바위 절벽만 보일 뿐이다. 현미경으로 들여다보면 산의 존재는 광물성 조직 속으로 사라진다. 존재한다는 것, 언뜻 단순해 보일 수 있지만 사실 이는 심오하고 신비로운 일이다."[**]

다양한 표현을 통해 현실의 본질을 이해하려고 노력한다는 면에서 예술가, 천체 물리학자, 그리고 명상 수행자는 같은 것을 추구한다고 볼 수 있다. 여정의 끝에 도달했을 때 모두 똑같은 결론을 얻는다. 사물들 사이의 경계란 썩 명확하지만은 않다는 사실이다. 그리고 산이나 우리 자신이나 모두 같은 원료로 이루어졌으므로 자기 자신과 자신을 제외한 나머지 세계가 분리되어 있다는 생각은 인식의 오류에 지나지 않는다.

---

[*] Hubert Reeves(1932~). 캐나다의 천체 물리학자이자 과학 대중화에 힘쓰는 적극적 환경 운동가

[**] Hubert Reeves, 『*L'espace prend la forme de mon regard*』, Seuil, 1999

페작, 〈먼지〉, 2011

티끌과 인간 존재

"학교에서 가르치는 현실은 '진짜' 현실이 아닙니다. 현실에서 보는 겉모습, 우리가 비유적으로 표현하는 겉모습은 과학자들이 말하는 현실과 다르죠. 물질 원자 부피의 99.999퍼센트는 거의 텅 비어 있어요. 화가로서 저는 추상화에서 새로운 언어를 찾아 이 현실, 이 텅 빔의 진실을 말하려고 했습니다." 파비엔 베르디에는 천체 물리학자 찐 쑤언 투언과의 인터뷰에서 이렇게 말했다.

이 발언으로 화가는 구상과 추상 논쟁의 타당성을 단번에 제거한다. 이 두 차원을 대비시키는 것은 먼지와 인간 존재를 대척점에 놓는 것보다도 더 의미 없는 일이다. 동시에 일어나기 마련인 이 두 차원을 전부 느낄 수 있게 하는 게 바로 명상이다. 따라서 명상은 물질적 경향으로 충분히 기운 삶을 누릴 수 있게 해 주면서도 상승의 여지 또한 배제하지 않는다. 명상 덕분에 우리는 스스로에 대한 너무 편협한 시각으로 고통받지 않을 수 있다. 사물의 공고한 겉모습 이면의 다른 차원에는 자연스럽게 흘러가는 현실이 있기 때문이다.

야마모토 마사오, 〈나카조라 #1025〉, 2001

부유하는 세상

새로운 명상 세션이 시작된다. 티베트 불교의 전통에서 수행은 두 눈을 뜬 채로 진행된다. 오후 3시 무렵, 창으로 햇살이 들어오기 시작하는 시간. 나른해지며 조금씩 졸음이 찾아든다. 그러다 갑자기 햇살 한 줄기가 들어와 내 방 안 먼지를 비춘다.

돌연 동작을 멈춘 입자들의 춤을 바라본다.

먼지는 이제 더 이상 먼지가 아니다. 명상으로 빛을 얻은 먼지는 현실의 본질이요, 물질의 끝없는 변신이다. 먼지는 내 몸에서 증발된 피부이고, 분해되고 부패해서 부유하는 나무와 산과 꽃이다. 먼지는 우리 할머니의 소리 없는 실재이고, 지금까지 살아온 모든 것과 앞으로 살아갈 모든 것의 말 없는 현현이다.

먼지, 그것은 나다. 너다. 별이다. 고통과 기쁨, 과거와 미래, 만물의 근원이다. 신기하게도 먼지의 존재가 마음을 안심시킨다. 오래된 친구라도 된 듯 먼지와 나의 거리가 사라진다. 내 정체성도, 먼지도 이제는 없다. 이제 모든 게 살아서 연결되고 기원도 끊어짐도 없이 움직이는 세포들만 남는다.

이런 체험을 하고 나서 다시 몇 년이 흐른 어느 날, 나는 프랑스어로 '부유하는 세상'이라고 번역할 수 있는 일본어 '우키요浮世'라는 단어를 알게 되었다. 부단히, 점진적으로 소멸해 가는 느낌, 우주와 내밀하게 결합하는 느낌을 정확하게 표현하는 단어, 우키요.

10

나는 누구인지
질문해 보자

르네 마그리트, 〈데칼코마니〉. 1966

"나는 어떤 구름, 내가 미처 파악하지 못한
어딘지 다소 애매한 어떤 것,
일종의 구름쯤 되는 것 같다."
- 프랑시스 퐁주*

• 프랑시스 퐁주가 1962년 라디오 방송 채널 〈프랑스 퀼튀르〉에서 한 말이다.

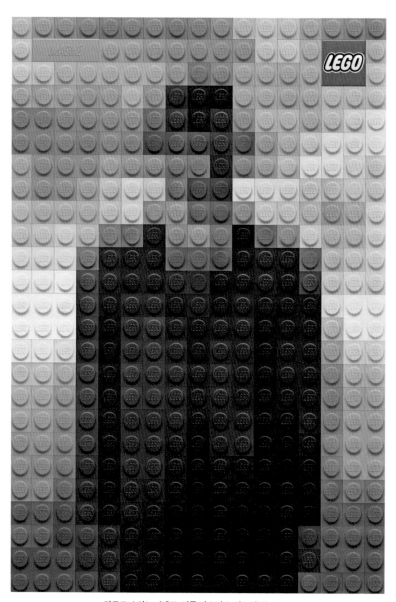

마르코 소다노, 〈레고, 리틀 마스터스_마그리트〉, 2014

레고를 유심히 들여다보다

산의 본질에 대해 의문을 제기한 휴버트 리브스*의 접근 방식을 빌려서 자아의 본질에 대해 물을 때 우리는 유사한 결과를 얻는다. 바로 '나'가 존재한다는 사실이다. 여기엔 의심의 여지가 없다. 산처럼 눈에 분명하게 보이는 '나'는 나머지 세상과 확실히 구분된다. 나라는 존재는 우리가 보고 만질 수 있을 정도로 명백하다.

그런데 이 '나'의 몸을 현미경으로 관찰해 보면 세포들이 차츰 원자로 분열되는 것처럼 보이는데, 원자는 다시 전자, 양성자, 중성자로 세분된다. 원자의 차원에서 우리 몸을 구성하는 물질은 끝이 없어 보인다. 천체 물리학자의 말을 빌리자면 우리 존재는 끊임없이 움직이는 세포 조직 속으로 사라지고 만다.

이미지에 마치 줌 효과를 주듯 정체성을 좀 더 가까이에서 관찰하는 소다노의 작업도 그런 것 같다. 이미지를 확대할수록 픽셀들이 모습을 드러내고 전체 형태는 머지않아 완전히 사라진다. 이 각도에서 보면 레고 아트로 재해석된 르네 마그리트는 더 이상 르네 마그리트라고 볼 수 없고 ─ '이것은 르네 마그리트의 이미지가 아니다'** ─ 레고 조각 - 픽셀 - 원자의 조합이다. 돋보기로 들여다본 우리의 에고, 또는 레고는 그 멋짐을 잃는다. 단호하게.

명상 수련은 이와 똑같은 길로 우리를 인도한다. 우리의 정체성과 구조를 더 가까이 탐구하면서 스스로에게 부여하곤 하는 멋짐, 중요성 따위를 상대적 시선에서 바라볼 수 있도록.

---

* 141쪽 참고
** 이 문장은 '이것은 파이프가 아니다Ceci n'est pas une pipe'로 알려진 마그리트의 작품에서 착안한 것이다. 이 작품의 실제 제목은 〈이미지의 배신〉이다. 이 작품은 우리의 인식에 의문을 제기하고 사물과 그 표현 사이에 어떤 차이가 있는지 인지하게 해 준다.

알마 하서, 〈마리아와 카테리나 (1) (15분 사이)〉, 2018

퍼즐 조각으로 이루어진 정체성

우리는 특정 시대, 특정 장소에서 태어났다. 우리는 특정 체형, 특정 성별, 특정 피부색, 특정 스타일의 옷을 입는다. 우리는 특정 교육, 특정 문화, 특정 역사를 겪었다.

세상에 태어난 뒤 이런 요소들이 조금씩 조금씩 조합되며 구축되어 간다는 점에서 한 사람의 정체성은 영화 편집 작업에 비유할 수 있다. 수많은 사진이 모여 하나의 이야기를 이룬다. 본인의 이야기에 완전히 동일시되고 의식에 비친 이미지들이 펼쳐지는 속도에 넋이 나간 우리는 더 이상 편집점cutting point을 보지 못하고 거리감을 상실한다. 정신이라는 거대한 프로젝터의 속도를 늦추지 않고 우리의 정체성은 롱 테이크처럼 하나로 이어져 영화보다 훨씬 더 효과적으로 기능하는 것 같다.

정체성은 하나의 구조물이므로, 퍼즐에도 비유할 수 있겠다. 아무리 작은 조각이라도 정체성을 고정하는 요소가 되고, '나는 존재한다, 나는 생각한다, 나는 안다, 나는 원한다, 나는 믿는다'라는 각각의 생각은 하나의 이미지를 만들기 위해 우리와 타인을 맺어 주는 퍼즐 조각이 된다. 시선을 안쪽으로 향해 정신의 기능을 비추어 보지 않는다면, 이 퍼즐 조각들은 너무 많아서 눈에 띄지 않는다. 이렇게 얻어진 이미지는 조각들의 조합으로는 보이지 않는 것이다. 결론은 분명하다. '나'는 잘 조합된 유기체다.

이렇듯 아침마다 약간 주저하기는 해도 본인도 알아차리지 못한 채 자동으로 퍼즐을 맞춘다. 습관적으로 옷을 입듯 우리는 제2의 피부처럼 자연스럽게 정체성을 껴입는다. 그리고 이 복잡하고도 변화무쌍한 구조에 고유한 이름을 붙여 준다. 바로 '나'라는 이름이다.

조시 샬롬, 〈떨어져 나가네〉, 2011

"인간…이 아니라 바지를 입은 구름이었어!"

블라디미르 마야콥스키*의 이 문장은 정체성에 대한 불확실하고 떠도는 느낌을 증명한다. 명상 수련에서 우리는 종종 이런 느낌을 만난다. 명상을 할 때 우리는 몸에 주의를 기울인다. 그리고 우리 몸이 어떤 굳어진 실체가 아니라 변화하는 속성을 지녔음을 알게 된다. 우리는 통일되고 안정된 유기체가 아니라 끊임없이 변화하는 존재며, 그 속에서 다양한 감각을 발견한다. 이 문장을 읽는 짧은 시간 동안 우리 몸속에서는 세포 5만여 개가 재생되었다. 이렇게 재생된 세포들은 닷새에 한 번씩 새로운 위벽을, 한 달에 한 번씩 새로운 피부를, 7년마다 한 번씩 새로운 골격을 만든다. 12년 간격으로 전에 우리 몸에 있던 것들은 더 이상 존재하지 않는다. 주의 수련은 이 같은 변화를 손으로 느낄 수 있게 해 준다. 수련과 더불어 우리 몸이 하나의 블록으로 구성되었다는 확신은 사라지고, 분해되고 이동하는 유동적 조합의 결과라는 느낌을 받는다. 하나씩 해체되는 퍼즐 조각처럼. 이것이 바로 육체적 깨달음이다.

이어서 정신적 깨달음이 찾아온다. 명상 수련은 정체성에 대한 우리의 서사를 가위로 썩둑썩둑 잘라 낸다. 주의가 정확히 생각에 가 있을 때, 우리는 스스로 생각의 조각들을 이어 이야기를 만들어 내고 있음을 똑똑히 목격한다. 그러고 나면 편집점, 즉 잘라 내야 할 지점들이 눈에 들어오기 시작한다. 우리는 이제 퍼즐을 맞추는 사람이 아니라 허무는 사람이다. 정체성을 떼어 버리고 이미지와 이미지 사이에 여백을 마련한다.

이렇게 명상적 탐구의 순간에 도달했을 때, 정체성에는 더 이상 한계도, 경계도 없다. 정체성은 이제 우리의 몸이나 마음이 들려주는 이야기로 축소되지 않기 때문이다. 그것은 너무나 드넓고 활짝 열려 있어서 이제 뭐가 됐든 바지 한 벌 속에는 도무지 담을 수가 없다.

· 그의 시 「바지를 입은 구름 Le nuage en pantalon」(1915)의 일부

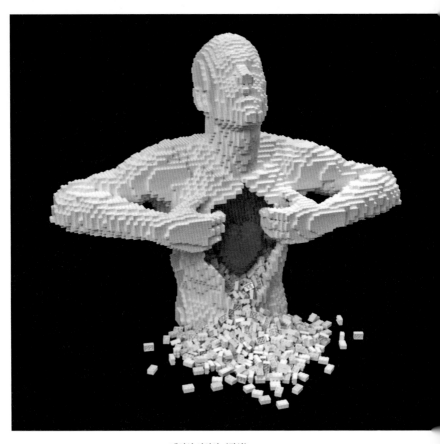

네이선 사와야, 〈진심〉, 2009

국경 없는 정체성

시중에 나와 있는 자기계발 서적들은 '진정한 나'를 찾고 정체성을 확고히 확립하라는 각종 충고로 가득 차 있지만 정작 명상은 그 반대를 권한다. 명상은 오히려 정체성을 창문처럼 활짝 열어 두라고 제안한다. 명상 수련은 '나'를 에워싼 윤곽선을 더 확고하게 만드는 대신 나를 해체하는 일이다.

이런 의미에서 명상은 병적인 분열의 경험이 아니라 우리 주변의 모든 것과 다시 결합되는 경험이다. 우리는 우주의 일부이자 전체이므로, 그리고 우리를 구성하고 물질을 구성하는 공空은 사물의 본질이므로, 공은 더 이상 두려운 허무가 아니다. 그것은 세상 모든 것을 연결해 주는 거대한 심장이다.

이제부터 우리는 행복을 더 이상 밖에서 찾지 않는다. 바깥은 이미 우리 안에 있다. 타인에게서도 찾지 않는다. 타인은 이미 우리의 일부다. 너무 편협한 정체성의 속박에서 벗어날수록 번번이 '나'를 찾아오곤 하던 고독이라는 착각이 조각조각 무너져 내린다. 그리고 나 자신이 그동안 알던 것보다 훨씬 더 드넓은 정체성에 속해 있다는 깨달음과 함께 깊은 안도감이 우리를 찾아온다.

앨버트 우, 〈보이지 않는 소녀〉, 2014

거울아, 거울아, 내 착한 거울아

티베트 불교에는 거울에 비친 자기 모습을 바라보면서 눈 속에서 눈을, 시선의 출발점을 찾는 수행 과정이 있다. 3년의 수행 기간 동안뿐 아니라 지금까지도 이 경험은 나에게 혼란으로 남아 있다.

거울 앞에 서서, 우리는 스스로에게 수많은 물음을 던진다. 가령 이런 질문이다. 바라보는 능력은 '나의' 눈 표면에서 시작되는가, 아니면 눈 내부에서 시작되는가. 시각 정보를 수집하는 뇌 영역과 이 정보를 처리하는 우리의 의식이 없다면 시각은 어떻게 될까. 그리고 무엇보다 의식이 시선을 구성하는 하나의 요소라면, 이 의식은 어디에 있는가.

탐구가 지속되지만, 나는 내 시각에서―시각보다 먼저인 의식에서도―그 어떤 출발점도 발견하지 못한다. 내 시선의 근원은 어디에나 있는 동시에 아무 데도 없는 것 같다. 평소 세상을 안과 밖으로 구분하고, 분리되어 있다는 느낌을 강조하던 시각이건만 이제는 나와 세상의 경계선을 흐리게 만든다. 내 몸의 경계가 점점 더 흐려져 간다. 나의 정체성은 나와 거울을 분리하는 공간 속으로, 주변 공간으로 점점 확장된다. 스푸마토*처럼 사물 사이의 경계선을 흐리게 만드는 이 미술 기법이 나의 경계를 흩뜨린다. 더 이상 내 것이 아니라는 이상하고 불편한 감정이 조금씩 경계 없는 존재가 되었다는 기쁨으로 둔갑한다.

"거울아, 거울아, 누가 제일 아름다운지 말해 주겠니?" 백설공주 이야기에서 성질 고약한 왕비는 집요하게 물었다. 만일 명상으로 지혜를 얻은 거울이라면 이렇게 대답할 것이다. "왕비님과 백설공주님 모두 제일 예쁩니다. 왜냐하면 왕비님과 백설공주님은 모두 우주의 일부니까요."

---

* sfumato. 회화에서 색과 색 사이 경계선 구분을 명확하게 하지 않고 부드럽게 처리하는 기술이다. 시각과 광학에 대한 연구와 관련하여 레오나르도 다빈치는 스푸마토 기법의 사용을 이론화하고 이렇게 썼다. "그림자와 빛이 경계선 없이 녹아드는 모습을 확인하라."

존 다익스트라, 〈오해〉, 2016

구멍 뚫린 존재

'무아'*가 불교 교리의 중심 테마고, 명상은 우리의 정체성이 얼마나 상대적인가를 경험하는 방법이라고 해서 우리에게 벽을 통과하거나 땅 위를 떠다니는 능력이 생기는 건 아니다.

시중에 판매되는 일부 책들이 꾸준히 소개하곤 하는 허무맹랑한 일화와 달리 명상 수행자는 중력의 법칙을 거스를 수가 없다. 다만 다른 차원의 정체성들이 공존한다는 사실을 인지할 뿐이다. 물론 '나'를 둘러싼 테두리는 여전히 가시적이고, 개별성 또한 여전히 존재한다. 그리고 무척 다행스럽게도 사물들 간의 차이 역시 변함없이 존재한다. 주의를 기울이고 보면, 독특한 세계가 더욱 섬세하고 오색찬란하며 강렬하게 모습을 드러낸다.

이런 의미에서 명상의 길은 우리가 가진 성격과 인격을 있는 그대로 오롯이 받아들이게 한다. 누구도 우리의 고유성을 판단하거나 억압할 수 없다. 명상은 이 사실을 인식하고 인정하게 해 준다. 명상에서도 정체성의 심리적 차원은 전적으로 반영된다. 하지만 이 차원이 전부가 될 때, 말하자면 우리 마음의 서사가 만든 정체성이 일상생활에 장애를 초래하거나 마음속 생각들이 고통의 근원이 될 때는, 우리가 하는 경험이란 게 사실은 얼마나 몰개성적인가를 상기할 필요가 있다. 이로써 우리는 마음의 서사를 상대적으로 바라볼 수 있다.

정체성의 서로 다른 모습들은 대립하지 않고 조화롭게 공존하며 서로를 건사하기도 한다. 다시 한 번 말하지만, 명상의 관점에서 자아나

---

* 불교는 존재의 세 가지 특성으로 무상無常, 고苦, 무아無我를 이야기한다. 무아란 자율적이고 지속적인 정체성이 존재하지 않는다는 개념이다. '자아'는 지속적으로 타인과 환경에 연결되어 있고 모든 것이 (정신적, 감정적, 육체적으로) 무상하기 때문에 불교 심리학에서는 '자아'라고 부를 수 있는 것은 아무것도 없다고 말한다.

인격은 억압되지 않고 오히려 충만해진다. 우리는 고유한 존재면서 동시에 우리보다 훨씬 더 큰 전체의 일부라는 사실을 어떤 경우에도 잊어선 안 될 것이다.

11

현재 시간을
그려 보자

풀비오 리날디, 〈시계〉, 1995

"지속되지 않는 순간들을 덧보태 가면서
지속성을 만들 방법이 있을까?"
                              - 앙드레 콩트스퐁빌

로만 오팔카, 〈오팔카 1965 / 1부터 무한대까지〉(상세 3324388-3339185), 1965

어릴 적, 할머니는 아침마다 종이 위에 그날의 날짜가 큼직하게 적힌 일력을 뜯어내곤 하셨다.

나는 할머니의 무릎 위에 앉아 이제 막 여정을 마치고 버드나무 바구니 속으로 들어가는 어제를 유심히 바라보고는 했다. 전날, 또 전날, 전날의 전날들이 바구니 깊숙이 공처럼 동그랗게 구겨져 웅크리고 있었다. 거실의 괘종시계에서 분과 초가 차례로 ― 일력의 낱장이 하나하나 찢기듯 ― 떨어져 나가 시간의 공동묘지 속으로 소리 없이 사라지는 기분이었다.

세월이 흘러 나는 로만 오팔카의 작품을 만났다. 일련의 숫자들이 기록된 강박적인 작품*이었다. 회색 바탕 캔버스 위에 초를 나타내는 숫자가 마치 시간의 흐름처럼 적혀 있다. 캔버스가 꽉 차면 작가는 또 다른 캔버스를 채워 나가기 시작한다. 포기하지 않고. 하얀 숫자들이 회색 캔버스를 점점 점령해 갔다. 과거가 현재의 시간을 매장하고 있었다. 멈추지 않고.

문득 유년의 일력들을 다시 떠올려 보았다. 할머니 달력에서 찢어 내지 않은 나날들이 오팔카의 캔버스에 아직 남아 있는 여백과 합쳐졌다. 휴지통 속에 떨어진 순간들이건만, 작가는 이것들로 작품을 뒤덮었다. 겪어진 이 순간들, 두 번 다시 돌아오지 않을 순간들.

명상과도 닮은 오팔카의 이 작품에서 손에 잡힐 듯한 무상함은 동시에 우리가 시간과 맺을 수 있는 또 다른 관계의 가능성을 느끼게 했다.

---

* 로만 오팔카는 이 작품을 34쪽의 사진 자화상과 동시에 작업했다고 한다.

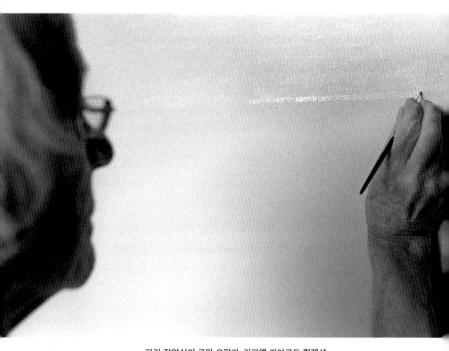

파리 작업실의 로만 오팔카, 라파엘 가야르드 컬렉션

시간의 두 기슭

하루하루 흘러가는 시간의 기록이 자기 앞에 놓인 상황들에 쉼 없이 맞서는 이 작가만의 방법이고, 캔버스 위에 적힌 숫자들은 끝없는 허영심에 보탠 수학적 허세라고 해 보자. 이 작품은 아마도 작가의 주의를 현재 속에 충분히 녹아들게 해서 다른 차원의 시간 속으로 보내는 수단으로 볼 수 있지 않을까.

역설적으로 들리겠지만 작가는 흘러가는 시간을 그리면서 오히려 거기서 해방된다. 마치 캔버스와 붓이 만나는 지점 어딘가에 영원한 현재가 놓여 있기라도 하듯, 오팔카는 여기 이곳, 지금 이 순간과 연결된 공간 속으로 들어가기 위해 지속의 개념에서 스스로를 가까스로 끄집어낸다. 지금 이 순간에 완전히 몰입한 명상 수행자와 같이 화가는 일시적으로 흐름을 중단시키고, 시간을 시, 분, 초와 같은 임의의 단위로 나눈 인류의 오랜 습관도 잠시나마 무효화된다. 무한하고 미세하게 이해된 순간은 무한하고 큰 것으로 향하는 통로가, 헤아릴 수 있는 시간과 무시간성의 기슭 사이 어딘가 놓인 징검다리가 된다.

물론 괘종시계의 시간은 재빨리 제 할 일을 되찾기 마련이고, 지속의 개념은 단지 그림을 그리거나 명상하는 시간 동안만 유보될 뿐이다. 그렇기 때문에 아주 잠깐 동안의 해방 체험은 우리 의식 속을 뚫고 들어와 강렬한 기억을 남긴다. 시간은 꾸준히 흐르는 게 당연하겠으나, 우리는 한순간 한순간 속에 영원을 담을 수도 있다는 기억을.

스기모토 히로시,* 〈에게해, 펠리온〉, 1990

•   杉本博司(1948~). 영원을 가시화하고 그것에 형태를 부여하기 위해 노력하는 예술
    가. 그의 사진 작업은 사물의 덧없는 속성 뒤에 감춰진 영원을 탐구한다. 사진 한 장 한
    장은 시간의 흐름과 영원 사이의 불분명한 지점을 표현하고 있다.

영원과 순간

사실 우리는 태어나서 죽을 때까지 현재만을 살아간다. 현재에서 벗어나는 것부터가 우리에게는 불가능한 일이다. 과거나 미래가 생각할 수 있는 것이라면, 우리가 실제로 살 수 있는 건 지금 이 순간이 유일하다. 이런 맥락에서, '현재 속에서 사는 법을 배우기' 위해 명상하는 것은 난센스가 아닐까. '현재 속에서 사는 것'은 선택의 문제가 아니다.

그런데 우리는 경험을 제대로 뚫고 들어가 보지도 못하고 시간의 표면에만 머무는 것일 수도 있다. 행동의 물결에 갇혀 일상 속 긴급한 일들의 포로가 되고 되새김질과 예견의 인질이 된 삶은 오리 깃털에 스며들지 못하는 물처럼 표면에서만 흘러내린다. 시간은 지속의 관점으로만 경험되어서 파도처럼 우리를 끝없이 쫓아온다. 그리고 현재는 도무지 손에 닿지 않는 먼 곳에만 머물러 있다.

명상은 지나가는 시간의 현실을 부정하지 않으면서 순간적으로나마 관념적 껍데기를 벗어던지고, 바로 지금, 여기와 만날 수 있게 해 준다. 하늘과 바다가 그렇듯이. 돌연, 우리는 시간에서 더 이상 억압도, 한계도 느끼지 않는다. 그리고 잠시 후, 시간은 항상 그랬던 모습으로 되돌아온다.

> "되찾았어.
> 무엇을? - 영원을."
>
> – 아르튀르 랭보*

---

* Arthur Rimbaud, 『L'Éternité』, 1872

12

행동하지 않고
행동하기

가쓰시카 호쿠사이, 〈버드나무 가지에 앉아 피리 부는 사내〉, 1839

"깨달음은 무위 無爲의 결과일 뿐이다."

- 테런스 그레이·

·   Wei Wu Wei(Terence Gray), 『*Les doigts pointés vers la lune*』, éd. Almora, 2007

〈버드나무 가지에 앉아 피리 부는 사내〉(상세)

"중국 전통 예술에서 명상은 필수 조건처럼 그림이나 글쓰기에 앞서 진행된다. 중국 미학에서는 한 작품의 퀄리티가 존재의 특정한 '상태'에 매우 내밀하게 좌우된다고 말한다. 진정한 예술가는 표현 수단이나 테크닉에 능숙할 뿐 아니라, 활동을 잠시 멈추고 유연하고 수용적인 상태로 스스로를 만들 줄 아는 사람이다. 예술가의 노하우라는 것은 마음이 완전히 존재하면서도 동시에 존재하지 않는 참으로 기이한 방식을 통해 형성된다. 이를 두고 예술의 도道라고 한다. '하지 않기'가 '하기'보다 앞선다. '비활동'은 완벽한 작업을 성취하기 위한 필수 조건이다."

- 필리프 필리오•

• Philippe Filliot, 『Être vivant, méditer, créer』, Actes Sud, 2016

야마모토 마사오, 〈나카조라* #1212〉, 2012

* '땅과 하늘 사이', 즉 시간과 공간의 흐릿함 속 꿈과 현실 사이로 번역되는 불교 용어를 치환한 것이다. 이 '흐릿함'은 야마모토 마사오 사진 작업의 근간을 이룬다. 『카메라 옵스큐라 Camera Obscura』(2006)에서 발췌

내버려 두기

"어떤 사진을 찍겠다고 너무 확고히 마음먹으면 오히려 옆길로 빠질 위험이 있다. 그래서 나는 사진을 찍으러 갈 때 특별한 목표를 설정하지 않는다."

야마모토 마사오에게 예술은 의지 행위의 산물이 아니라 유연성을 갖는 행위, 단순한 존재의 행위다. 명상 수행자처럼 사진작가는 강요도 자극도 하지 않는다. 그는 작은 사고, 세상의 소란, 감추어진 의미에 귀를 기울인다. 현실은 스스로를 증명하려고 크게 소리칠 필요가 없다. 모든 게 이미 거기 있기 때문이다.

더구나 야마모토는 자신을 예술가가 아니라 채집가로 정의한다. 무엇보다도 꽃, 갈라진 틈, 안개의 흔적 따위에서 맨눈으로 남다른 점을 찾아내는 시각을 기르는 것이 그의 역할이다. 예술가는 아무것도 하지 않고 기다리는 사람이다. 시각이 열리기를. 그의 눈이 어둠에 익숙해져서 별을 식별할 수 있게 되기를.

사진작가는 그저 감사를 전한다. 무소유다. 다만 살아 있는 현상들이 지닌 아름다움을 드러낼 수 있을 정도의 존재감과 느림을 건넬 뿐. 이런 접근 방식 자체가 명상적이다. 예술가는 분주하게 오가며 세상의 흙탕물을 휘젓지 않고, 일어나게 되어 있는 일이 일어나도록 가만히 내버려 둔다. 그러면 필름 위로 침묵이 한 겹씩 잔잔히 내려앉는다.

롱아일랜드 작업실의 잭슨 폴록
사진 한스 나무트, 1950

무위*와 자기 박탈

전후 미국에는 사회의 소비 과잉에 반대하여 선禪의 실천 쪽으로 돌아선 예술가**가 많았다.

이 예술가들은 물질적 부를 축적하는 것보다 무언가를 벗어던지겠다는 생각과 더 가까이 연결되었다. 이들은 통제의 문화보다 '있는 그대로 내버려 두기'라는 개념에 더 관심이 컸기 때문에 캔버스를 채우는 기존의 회화 방식에서 벗어나 여백에 열광하게 되었다.

이렇게 해서 서양 미술사상 처음으로 미술 작품에서 하얀 여백이 모습을 드러내게 된다. 그런데 화가들이 의도적으로 남겨 둔 이 빈 공간은 예술적 구현에만 그치는 것이 아니다. 이는 참여의 수단이자, 점점 상승하는 유물론에 대한 거부, 그리고 거기에 대응하는 예술가 자신의 역할을 곱씹어 보는 방식이기도 했다.

이렇게 볼 때 예술적 표현은 자아를 주장하거나, 어떤 주제를 완전히 다룰 줄 안다고 과시하거나, 혹은 현실에 대한 장악력을 행사하는 수단이 아니다. 오히려 대화, 겸손 및 놓아주기의 한 방법이다. 자발적인 것 이상으로, 창조는 역동적인 수동성, 즉 캔버스, 화가의 현재 그리고 나머지 세계 사이에서 자발적인 의사소통이 저절로 생겨나도록 내버려 두는 한 방법이다. 예술가는 그림을 그리지 않는다. 다만 그림이 그려지도록 내버려 둔다. 명상가처럼, 예술가는 더 이상 행동하려고 애쓰지 않는다. 다만 저절로 일어나도록 내버려 두거나 자기 안에

---

* '비행위' 또는 '불간섭'으로 번역할 수 있는 한자어 무위는 도교적 개념이다. 이 개념은 비활동이나 수동성으로의 초대가 아니다. '우주의 질서', 도 또는 사물의 자연스러운 움직임에 따라 행동하기로의 초대다.

** 화가 마크 토비, 잭슨 폴록, 바넷 뉴먼, 작곡가 존 케이지, 안무가 머스 커닝햄 등이 여기에 속한다.

서 어떤 일이 스스로 만들어질 수 있도록 충분한 공간을 남겨 두려고
한다.

   존재의 이익을 위해 소유해 온 모든 것으로부터 해방될 것, 그림 그
리는 행위 속에 자아를 버릴 것, 그리고 좀 더 넓은 범위에서 살아갈 것.
잭슨 폴록의 작품처럼, 모든 명상 수련은 우리에게 오직 이런 것들만을
말해 준다.

13

순수한 마음을
길러 보자

엔스 슈바르츠, 〈나오시마 하늘〉(안도 다다오의 건축물), 2016

"시인은 아이의 상상력과 마음을 가진 사람이다.
세상을 바라보는 시인의 인식은 즉각적이다."

- 안드레이 타르콥스키

줄리언 메로스미스, 〈귤〉, 2010

신세계

아들이 서너 살쯤 되었을 때의 일이다. 며칠 전부터 아들은 귤껍질을 혼자 벗기겠다고 안간힘을 쓰고 있었으나, 성공은 요원해 보였다.

좀체 만만함을 보이지 않는 귤껍질을 아주 조금이라도 벗겨 내려고 애쓰던 아이의 서투른 손가락과 집중력을 나는 지금도 기억한다. 귤이 그토록 거대하게 보인 적이 있었던가.

각고의 노력 끝에 마침내 껍질이 다 벗겨지고 반으로 갈라진 귤, 과즙이 뚝뚝 흘러내리던 아이의 손가락과 환하게 웃던 얼굴이 지금도 눈에 선하다. 껍질에서 분리되어 마침내 모습을 드러낸 조그마한 주황색 행성. 탐험가의 눈으로 샅샅이 살피면서 작은 귤이 품은 다양한 색감에 감탄하던 어린 아들.

지금 귤에서 프루스트의 마들렌 맛이 느껴지는 것 같다면, 아들의 어린 시절이 떠오른다면, 명상의 오랜 가르침 덕분일 것이다. 언제나 초심자의 시선을 잃지 말라.

이명호, 〈나무… #7〉, 2014

라이크 어 버진 Like a virgin

MBSR 프로그램의 첫 번째 세션에서 존 카밧진은 참가자들에게 아들의 귤과 흡사한 경험을 제공한다. 마치 생애 첫 경험인 것처럼 포도를 맛보게 하는 것이다. 참가자들은 기존의 지식을 떠나 태어나 처음으로 포도를 만나는 사람들처럼 포도를 '발견'한다. 선험 지식이나 본인의 영리함에 의존하기보다 촉각, 청각, 후각, 시각 및 미각의 차원에서 포도를 처음부터 다시 이해한다.

아이들의 놀이처럼 단순해 보일지 몰라도, 대부분의 사람은 감각에 직접 접근하기를 어려워한다. 질감, 색상 및 풍미는 뒷전으로 밀려나고 기존의 지식, 의견 및 판단 등이 우선순위를 차지하기 때문이다. 이미 알고 있는 과일이라는 이유로 감각적 경험은 더 멀어진다. 따라서 우리는 포도를 맛보았다고 생각하겠지만 실제로 맛을 본 것은 포도가 아니다. 우리가 입에 넣는 것은 포도 자체보다는 과일의 개념이나 기억이다. 이미 축적된 지식의 방해 공작으로 신선한 시선은 왜곡된다.

단순한 과일을 뛰어넘는 이 체험은 우리가 세상과 맺는 관계에 대해 질문하게 한다. 우리는 관념과 표상의 세계에 살고 있는가, 아니면 삶의 매 순간과 매번 처음인 것처럼 관계를 맺고 살아가는가? 물론 포도는 전에 알고 있던 포도와 선험적으로 닮았을 수도 있다. 그럼에도 매 순간의 호흡과 그날그날의 일출이 조금씩 다르듯, 우리 눈앞의 포도는 그 자체로 매우 독특한 것이다. 따라서 어제가 오늘과 똑같이 느껴진다면, 이는 우리의 눈과 마음이 같기 때문이다.

이명호 작가 역시 나무 뒤에 하얀 시트를 설치해서 우리에게 새로운 시각을 선사한다. 창작 행위는 새로운 대상을 창조하는 데 있는 것이 아니라 모든 사물은 이미 본질적으로 새롭다는 것을 확인하는 데 있다. 명상 훈련처럼 이 설치물들은 우리 눈을 어지럽히는 기억에 대한 폭로다. 형태 하나하나가 고유성을 되찾는다. '그곳에 있는' 작은 나무 한 그루는 더 이상 다른 나무들 사이에 놓인 어떤 작은 나무가 아니다. 평범한 포도가 그랬듯 이 나무는 이제 고유하고 소중해진다.

엑상프로방스 인근 샤토 라 코스트에 위치한 안도 다다오 아트 센터 전경
사진 볼프강 켈러, 2018

그 안에서 바라보면

새까만 동공 속으로 이따금 푸르른 하늘이 나타났다 사라졌다. 생후 며칠이 채 안 된 어느 날, 아들은 처음으로 정원으로 외출을 했다.

그날의 새소리를 지금도 또렷하게 기억한다. 그런데 참새, 찌르레기, 박새 등 단어를 모르는 갓난아기에게 이것들은 어떻게 경험될까? 색깔에 대한 개념이 없는데 파란색은 어떻게 인식될까? 사전 지식도 실재를 담을 언어도 없는 아이에게 바람의 감각이란 무엇일까? 이런 질문들이 마음속을 오갔다.

처음에는 아들을 통해, 그다음에는 누구를 통하지 않고 곧장 새로운 감각의 세계가 열렸다. 언어를 습득하기 이전, 그러니까 지식의 바로 아래에 위치한 직관적 경험, 혹은 존재에 대한 '원시적 사실'*이 우선순위가 되었다. 오랜 명상 수련을 마치고 세상에 나오던 날처럼 나와 세상 사이에는 그 어떤 개념적 필터도 끼어들지 않았다. 단어는 이제 더 이상 사물에 임의로 붙어 있지 않았고, 기표가 기의에서 자유로워졌다. 그와 동시에 만물이 순결하고 자유롭고 완벽히 통일되었다.

하늘의 푸름도 마치 처음인 것처럼 내게 다가왔다. 그것은 안도 다다오의 건축에서 발견한 경험과 아주 닮아 있었다.

• 프랑수아 줄리앵François Jullien, 앞서 언급한 필리프 필리오의 책에서 인용. 주석 73, 134쪽

J. R. 굿윈, 〈출발〉(구름 유희 시리즈), 2009

자연의 학교

제도 교육을 떠나 자연에서 배우는 명상 수련자들은 현실을 읽기 위해 이론을 과감히 떠난다. 현실은 활짝 열린 책이다. 가령 바람, 물, 식물의 흐름과 같은 자연을 응시하는 것은 무한한 영감의 원천이 되며 모방을 통해 정신의 기능을 이해하는 수단이 된다. 참나무의 견고함, 갈대의 유연성, 강의 유동성에서 얻는 영감은 그 자체가 가르침이다.

> "명상하기, 그것은 우리가 우주와 같은 호흡으로 만들어졌다는 것, 우리가 별, 구름 등 다른 생명체와 같은 본성을 가지고 있다는 것에 대해 잠시나마 의심을 거두는 것이다."
>
> - 프랑수아 쳉 *

안과 밖은 긴밀히 이어져 있으므로 산 너머로 흩어지는 안개의 모습을 관찰하는 것은 생각에 휩쓸리지 않으면서 생각이 우리 내면을 가만히 통과할 수 있도록 돕는다. 구름의 생성과 소멸에 대한 공부. 그것은 안과 밖 모든 현상 속에 내재된 무상함과 텅 빔에 대해 생생한 가르침을 준다. 자라나는 밀이나 내리는 비와 하나가 될 때까지 자연을 응시하는 것 역시 전통 명상이 불이원성이라고 부르는 현상을 경험하는 방법이다.

---

* François Cheng. 'À voix nue: La méditation', 〈France Culture〉, 2015

다니구치 지로, 『산책』, 1992

아슬아슬하게, 그러나 솔직하게

다니구치(일본 만화가 - 옮긴이)는 쾌락의 두 순간 사이의 공간을 길고 재미없는 방황으로 간주하지 않는다. 그보다는 이 공간을 가장 중요한 자리에 놓는다. 그의 만화에 등장하는 인물 대부분은 특정한 일 없이 그저 어슬렁거릴 뿐이다. 권태, 잿빛 뉘앙스, 공허한 시간 등은 전부 의미 있는 순간들이다. 그에게 행복이 강렬함이나 짜릿함에 대한 끝없는 추구와 연결되지 않는다는 점은 명상과 유사하다. 대신 매일매일 깨어 있는 능력, 신선한 시선과 마음과 관련 있다. 행복은 더 이상 외부 환경과만 관계를 맺지 않고 내면의 모습과 긴밀하게 관련된다. 게다가 한 존재의 가장 중요한 시기는 오히려 가장 평범한 일상 속에 놓일 수 있으므로, 무위의 시간은 이제 더 이상 추방과 배척의 대상이 아니다. 인생에서 우리는 3분에 한 번씩 벼랑 끝에 매달린 듯 아슬아슬하게 살아갈 필요가 없다. 솔직하게 살아온 매 순간 그 자체가 벼랑 끝이기 때문이다.

『산책』에서 다니구치는 바로 이 단순하기 그지없는 순간들에 가치를 부여하고, 가을날 무람없이 떨어지는 낙엽에서 이야기의 클라이맥스를 만들어 낸다. 겨울날 맑은 공기를 들이마시거나 무덤 위에서 빙글빙글 돌고 있는 나비의 모습만으로도 남자에게 충만한 기쁨이 된다. 그러나 이 겸손하기 짝이 없는 만족 내지 어른의 순진함은 그리 쉽게 얻어지지 않는다. 작품 속 등장인물들이 살아가는 모습을 보면서 우리는 그들이 새소리에 함박웃음을 터뜨리고 경이로움을 느끼기 위해 얼마나 많은 일들과 고통을 겪어 왔는지 짐작할 수 있다. 어린아이를 닮은 시선과 순수함을 되찾기 위해 그가 몇 번이나 넘어졌다가 다시 일어나기를 반복했는지도.

14

있음 그대로
만족하자

게르하르트 리히터, 〈사과〉, 1984

"신, 죽음, 고통, 영원과 같은 단어는 잊자.
자라나는 밀처럼, 내리는 비처럼
단순해지고 과묵해지자.
있음 그대로에 만족하자."

- 에티 힐레숨•

• Etty Hillesum, 『*Une vie bouleversée: Journal 1941-1943*』, éd. du Seuil, 1985

위) 베르나르 플로쉬, 〈그르노블〉, 1974
아래) 장바티스트 샤르댕, 〈물컵과 커피 주전자〉, 1760

정물과 순수한 존재

일본의 신토는 바람, 비, 식물 등 만물에 영혼을 담는다. 선반 위의 병, 칫솔, 그리고 물 한 잔……. 분명 무생물임에도 일상에서 늘 사용하는 이 물건들 속에 영혼이 담긴 것 같다.

영어로 '스틸 라이프 still life', 독일어로 '슈틸레벤 Stilleben', 문자 그대로 '조용한 삶'으로 번역되는 정물화는 사물의 내밀한 숨결을 묘사한다. 네덜란드어 'dasein' 또는 '거기 있기'에서 파생된 이 미술 장르는 말 그대로 있음 그대로에의 초대다.

이런 점에서 정물화는 명상가들에게 영감의 원천이 되고 미술사가들이 말하는 '현실 세계의 한층 강조된 부동성"'을 조금쯤 느끼게 해 줄 수 있을 것으로 보인다.

가령 잠깐 동안이라도 작업 선반 위에 놓인 배, 과일, 꽃, 꽃병 등의 소박함을 명상해 보자. 말 없는 사물들의 살아 있는 존재를 느끼고, 부동의 마음에 닿을 때까지. 예술은 바로 이런 곳으로 우리를 데려간다.

• Louis Morin, 『*Les Vanités dans la peinture au XVIIᵉ siècle*』, éd. musée du Petit Palais, 1991

폴 그랜드, 〈파랑 위에 놓인 배〉, 2010

판단하지 않고 그리기

"이해하려고 애쓰지도, 분석하지도 말라. 자연을 보듯 자신
을 보라."

- 페르난두 페소아*

바니타스 화가들과 다르게 정물화가들은 더 이상 사물에서 상징적 가
치를 추구하지 않으며 다만 사물의 본질을 드러내고자 했다. 명상가들
이 그렇듯, 정물화가들은 판단도 분석도 이유도 부여하지 않고 다만 존
재할 뿐이다. 각 사물에 도덕적 의미가 있다고 믿었던 당시의 엄격한
종교적 도상학과 결별한 이 화가들은 사물 자체, 사물이 표현하고 있는
것보다는 사물에 본질적으로 내재된 힘에 관심을 기울였다.

 "그 자신과 그가 표현하고자 하는 현실 사이에서 화가는 어떤 생각
이나 특정 이론을 개입시키지 않는다. 주의 깊게 바라보기, 다만 현실
을 주의 깊게 보는 것만으로 충분하다."** 이 화가들 중 다수는 과도한
장식을 거부하며 단순한 사물을 재현하는 데 매달렸는데, 이는 사물의
존재 자체에 가치를 두었기 때문이다. 이들은 사물의 겉모습이 아니라
그 안에 담긴 삶의 비밀을 수집하고자 했다.

 존재와 삶의 비밀을 자기 안에 모으는 방법. 이것은 명상의 새로운
정의가 될 수 있을 것이다.

---

* Fernando Pessoa, 『*Le Livre de l'Intranquillité*』(1982), Christian Bourgois, 1988

** Hélène Prigent et Pierre Rosenberg, 『*Chardin, la nature silencieuse*』, Gallimard, coll. Découvertes, 1999

위) 목계, 〈여섯 개의 감〉, 13세기
아래) 에밀 카를센, 〈신발이 있는 정물〉, 1914

평범과 비범

바니타스에서 정물화로의 이행은 이데올로기적으로도 중요한 전환점이었다. 서양 예술 역사상 최초로 신성한 것과 세속적인 것이 나란히 놓이게 된 것이다. 이로써 살아 있는 것들을 표현하는 방법들은 모두 동등하게 중요해졌다. 낡은 신발 한 켤레나 평범한 과일이 성녀 마리아나 부처를 상징하는 그림 못지않게 신성해졌다는 말이다. 물론 신성한 것은 곧 종교적인 것일 확률이 높지만, 그렇게만 축소시킬 수는 없다. 세상의 모든 사물 속에 아주 오래전부터 존재해 왔던 신비가 베일을 벗게 되었다.

명상과 마찬가지로 화가들도 세상과 더 잘 연결되기 위해 관념적 정신세계에서 벗어나고, 사물과의 직접적 접촉을 위해서 참조의 틀이나 상징체계로부터 스스로를 해방시킨다. 프랑스 퐁주의 말처럼 '사물 하나하나'가 '절대적인 어떤 본질'*이므로 자신 이외의 다른 것을 구태여 참조의 틀로 삼을 필요가 없어진 것이다. 사물 하나하나가 충만한 상태가 되고 평범과 비범은 같은 개념이 된다. 불교의 선禪은 그리 멀리 있지 않다.

동양과 서양을 잇는 가교처럼 정물화는 시공간을 초월해서 존재의 예술이 서로 만나게 해 준다. 그 기원이 아시아든 유럽이든, 출발점이 13세기든 아니면 20세기든, 유화 물감으로 그리든 먹으로 그리든 이 작품들은 하나같이 우리를 그려진 대상 그 자체로 초대하여 사물 고유의 숨결에 귀를 기울일 수 있도록 돕는다.

그런 점에서 이 미술 사조가 '마음챙김'의 정신을 가장 정확히 묘사하고 있다는 사실에는 반박의 여지가 없다.

---

* 시집 『사물의 편 *Le Parti pris des choses*』을 펴낸 시인 프랑시스 퐁주는 1962년 〈프랑스 퀼튀르〉에서 이 말을 했다.

랜들 엑손, 〈하얀 접시〉, 2002

분리되지 않음, 그리고 환희

"어쩌면 발명하고 그릴 것이 있는 하늘 아래, 매일매일의 생
활과 영원한 삶 사이에는 그 어떤 거리도 없는 게 아닐까."
- 크리스티앙 보뱅*

칩거 명상 수련 시기, 나와 같은 그룹에 요리사가 있었다. 그녀도 수행
자였다. 하루 일과의 대부분을 명상 방석 위가 아니라 손에 감자 칼을
쥔 채 부엌에서 보냈으므로 그녀의 하루는 우리와 달랐다.

젊음의 치기에서였을까, 아니면 편견 때문이었나. 좌선 명상에만 몰
입해 있던 나는 그녀를 우리와 같은 수행자라고 생각하지 않았던 것 같
다. 그렇지만 3년의 수련 기간 동안 그녀가 나에게 얼마나 깊은 영감을
주었는지 고백하지 않으면 안 되겠다. 명상은 격식의 존중을 무척 중
요하게 여기고, 이런 것들을 어기면 이내 주의력이 흐트러질 위험에
놓인다. 그렇지만 이따금 우리는 기계적인 모습으로 좌선을 하는 것
보다 정성껏 설거지를 하거나 감자 껍질을 벗기는 모습에서, 또는 타
인의 말에 세심하게 주의를 기울이는 모습에서 더 '좋은' 수행자를 발
견하기도 한다.

바로 이런 이유에서 이 요리사의 존재와 너그러움은 나에게 명상의
본질이 과연 무엇인가를 끊임없이 일깨워 주었다. 주의는 첨예하게, 행
동은 매우 간소하게, 매 순간을 오롯이 살아 내기, 궁극적으로 전통에
서 '막간'이라고 부르는 시간과 공식적인 수련 시간 사이, 말하자면 삶
사이에 분리를 만들지 않기 등이 바로 그것이다.

---

*   Christian Bobin, 『*Souveraineté du vide*』, Gallimard, 1995

에밀 카를센, 〈양파와 보관 단지〉, 1920

단순한 만족

수년 동안 칩거 명상을 경험하고 나서야 지금의 나는 내 일상의 중심이 야말로 진정한 수련 공간이라는 느낌을 종종 받곤 한다. 가장 일상적이 면서 반복적인 동작들이 이루어지는 공간. 예를 들면, 가족과 함께 집 에 있다는 느낌은 그 어떤 명상 사원에 있는 느낌 못지않게 소중하다. 내 아이들, 남편과 함께 심리적으로, 그리고 행동적으로 자율 운동을 할 수 있는 공간. 아주 충동적이어도 괜찮은 공간.

대부분 집은 나에게 기쁨의 공간이므로 자극에 대한 반응도가 아주 높은 장소이기도 하다. 집은 내가 느끼는 좌절, 기대, 불만족도를 완벽 하게 측정할 수 있는 장소다. 내가 쌓아 온 명상 수련을 되짚어 보고 평 가하는 데 더할 나위 없이 이상적인 장소. 따라서 명상 수련을 위해 구 태여 명상의 본고장 인도로 떠날 필요는 없다. 하루 종일 집에 있기, 그 것으로도 충분하다.

우리가 있는 바로 이곳에 집중하는 능력, 일상을 만족의 길로 만드 는 재능. 정물화가 들려주는 것은 바로 이런 이야기다. 빈약하고 체념 어린 만족감이 아니라, 그 어떤 것도 평범하게 방치하지 않는 만족감, 하찮은 것을 포함하여 각각의 디테일에서 경이의 원천을 발견하고, 호 의적이든 그렇지 않든 모든 상황에서 사랑과 배려가 담긴 무조건적 기 회를 발견하는 만족감.

세라 길레스피, 〈정물〉, 2010

"모든 것, 심지어 가장 평범한 것, 특히 가장 평범한 일을 해내야 한다. 제일 평범한 일 — 문 열기, 편지 쓰기, 손 내밀기 등 — 을 아주 정성껏, 고도의 집중을 기울여 해내야 한다. 마치 세상의 운명과 별들의 행로가 거기에 좌우되는 것처럼 말이다. 그나저나 세상의 운명과 별들의 행로가 거기에 좌우된다는 말은 진실이다."

- 크리스티앙 보뱅*

*   Christian Bobin, 『*L'Enchantement simple*』, Lettres vives, 1986

15

연민을
드러내자

베네데토 젠나리, 〈마리 안 드 라 투르 도베르뉴, 부용 공작부인〉(상세), 1672~1673

"다정함과 연민에 대해 명상하고 나니
나와 남이 다르다는 사실을 잊게 되었다."

- 밀라레파

마이클 피더슨, 〈민들레〉, 2016

평등과 애정

칩거 명상을 하다 보면 풀밭에 눕거나 나무에 기댄 채 이끼나 나뭇가지를 골똘히 바라보고 있거나 심지어 개미나 애벌레와 사랑에 빠진 것처럼 보이는 수행자를 종종 목격한다. 이런 수행자들을 어리석거나 단순한 사람으로 치부하고 싶은 마음이 들겠지만, 그들은 단순하지도 어리석지도 않다. 명상 중 주의와 마음이 충분히 열리고, 정신이 경계를 모르는 인식과 자연스럽게 다시 이어진다. 명상 수행자들에게 주변 모든 것과의 일체감은 거의 참을 수 없는 수준까지 도달한다.

> "작은 달팽이가
> 유독 천천히 산을 오른다.
> 여기가 후지산이다."

일반적으로 하이쿠*, 특히 잇사**의 시는 우리가 연민이라고 부르는 개념을 어느 긴 연설문보다도 효과적으로 묘사한다. 이 예술 장르의 핵심 격인 명상 실천은 시인이 그의 연약한 부분에 더 가까이 다가서게 해 주고, 타인의 약점 또한 매우 민감하게 경험할 수 있게끔 돕는다. 타인이 나와 너무 닮아 보이므로 내 이득을 챙기겠다고 나설 힘도 욕망도 사라진다. 또한 내 실속을 챙기겠다고 나서는 건 타인에게 상처를 줄 뿐 아니라 궁극적으로 자기 자신에게 상처를 주는 일이므로, 바로 거기서 해를 끼치지 않고 가능한 한 이 세상의 모든 고통을 덜어 주겠다는

---

* 선禪 문화를 바탕으로 한 명상을 담은 짧은 시구
** 고바야시 잇사小林一茶(1763~1828). 일본 하이쿠의 4대 명장 중 한 명. 연민과 유머 감각이 도드라지는 시를 썼다.

즉흥적 충동도 일어난다. 평등의 개념과 긴밀하게 연결되는 연민에 대해 영화감독 크리스 마커는 이렇게 정의했다. "모든 사람이 타인과 동일한 가치를 지녔다고 생각되는 커트라인."* 연민은 인간에게만 적용되는 것이 아니기 때문에, 일본인들은 살아 있는 모든 것과의 다정한 다공성의 상태를 설명하기 위해 모노노아와레物の哀れ 또는 '경이로운 세계에 대한 공감' 개념을 만들었다. 식물이든, 광물이든, 동물이든, 인간이든, 세상 모든 것은 전부 같은 방식으로 사랑받고 보호받을 자격이 있다는 말이다.

*   Chris Marker, 〈Sans Soleil〉, 1983

가와세 도시로, 이케바나
왼쪽) A자 형태의 꽃병(아지가타)에 아우쿠바 자포니카(일본 식나무)
오른쪽) 로마 시대 유리컵에 카멜리아 자포니카(동백)

꽃꽂이와 연민

만일 연민이 타인을 향한 자발적인 감정의 폭발, 이 세상 모든 고통을 덜어 주고자 하는 욕망으로 정의될 수 있다면 이것은 어떤 모습으로 재현할 수 있을까. 어떤 작품이 이런 의도를 배반하지 않을까.

이케바나生け花 또는 꽃꽂이 예술은 장식 예술이나 아름다움의 추구를 넘어 삶의 철학 자체다. 애초 불교의 선禪과 연관 있는 이 학문은 생명이 있는 것들의 다양성을 반영하고 그 복잡성을 포용한다. 꽃꽂이는 미美를 배제하지 않기 때문이다. 모양이 괴상한 것, 비대칭을 이루는 것, 혹은 부러진 것조차 누군가의 관심을 얻을 가치가 있다. 나뭇가지 하나하나가 저마다의 가치를 지닌다. 꽃꽂이 예술가는 포용적이고 관대해서 제일 보잘것없고 뒤틀리거나 상한 나뭇가지에도 ─ 혹은 그런 인간에게도 ─ 연민을 느낀다. 가지 하나하나가 예술가에게는 고민의 대상이 되며, 다른 것들 사이에서 자기 자리를 만들어 간다.

그러므로 이 예술의 기반이 되는 다정한 배려와 윤리 의식은 식물에만 국한되지 않는다. 작업이 진행될수록 예술가는 명상 수행자처럼 자기 안의 뒤틀린 것을 받아들이고, 모든 존재를 향해 이 태도를 확장, 적용하면서 인류 전체를 세상에서 제일 아름다운 꽃다발로 만드는 법을 배워 나간다.

지크프리트 한센. 무제. 2015

잡초도 잡풀도 아닌

전통 명상에서는 아무것도 거부하거나 금지하지 말고 모든 게 마음에서 자라나도록, 존재하도록 가만히 내버려 두라고 가르친다. 극도로 이기적이거나 공격적인 생각조차 억제의 대상은 아니다. 이런 생각을 하고 있다는 훌륭하고 단순한 이유만으로 모든 것을 기꺼이 맞아야 한다. 그리고 우리가 통제할 수 없는 것은 정신과 마음속에서 자라나는 것이므로 피하거나 부정하기보다는 충분히 인정해야 한다. 명상을 할 때 정신세계는 원시의 정원, 급진적인 허용의 공간, 일종의 의식의 '버닝맨'*으로도 묘사될 수 있다. 그 어떤 것도 판단하거나 억압할 수 없기 때문에 분노, 질투, 두려움 등 흔히 말하는 '부정적' 감정들은 더 이상 뽑아내야 할 잡초도 쳐내야 할 가지도 아니다. 우리 생각은 이제 더 이상 좋거나 나쁜, 아름답거나 추한, 가치 있거나 가치 없는 등으로 다가오지 않는다. 명상은 도덕적 판단으로의 초대가 아니다. 그보다는 우리의 생각을 의식의 자연스러운 표현으로, 또는 티베트 전통에서 '마음이 자연스럽게 만들어 내는 것'이라고 부르는 것으로 바라보게끔 이끈다.

정신이 만들어 낸 것들은 다만 명상적 탐험의 원료일 뿐이다. '기생충'으로 여겨졌던 생각이 이미 평가와 결정의 토대가 되어 있기 때문에 바로 이 지점에서 주의를 두 배로 늘리고 생각의 뿌리를 재고해서 생각의 내용이 아닌 생각 그 자체에 관심을 기울이라는 게 오랜 지침이다. 연민은 바로 거기에 있다. 의식 속에서 몸을 일으키는 모든 것에 대해

---

* Burning Man. 네바다주 사막에서 매해 9일 동안 개최되는 행사다. 예술은 이 행사의 핵심을 이룬다. 행사에는 다음과 같은 열 가지 원칙이 있다. 자기 자신에 대한 급진적 포용, 나눔의 실천, 탈상품화, 급진적 자급자족, 급진적 자기표현, 공동 노력, 시민적 책임, 흔적을 남기지 않는 정책, 그리고 현재라는 순간의 참여와 문화가 그것이다.

판단을 내리는 대신 있는 그대로 기꺼이 맞아들이고, 나의 생각을 절대 진실로 간주하지 않는 명상가의 능력 속. 연민은 바로 이런 곳에서 산다. 정신이 만들어 낸 것들, 심지어 가장 전이되기 쉬운 것들조차 마침내 더 이상 서 있을 발판이 없다. 실체를 잃어버린다. 자기비판적 사고나 오만, 증오 등은 뿌리내릴 힘이 더 이상 없다. 물을 주는 사람이 없으므로 이러한 생각은 더 자라나지도 않는다. 이제 우리 정신의 부식토는 이런 생각들을 품을 수 있을 만큼 비옥하지 않다.

16

약하다는 느낌을
허락하자

일본 수도승의 찻잔, 16세기 조선

"광기보다는 정상으로의 회귀가
더 걱정스럽다."
- 클로드 샤브롤

구로다 유키코, 킨츠기, 2017

자기 연민과 킨츠쿠로이

'황금 이음새'를 뜻하는 킨츠쿠로이金繕い는 문자 그대로 도자기를 수선하는 일본의 전통 기술이다. 깨진 물건들은 옻칠에 금가루가 섞여 미세하게 봉합된다.

이 방식의 특이점은 불완전함을 감추기보다 균열을 오히려 눈에 띄게 만들어서 아름다움을 드러내는 장인의 솜씨에 있다. 갈라지고 깨진 금들은 확연히 눈에 띌 뿐 아니라 더욱 도드라진다. 처음의 결점은 이제 장점으로 부각된다. 사용할 수 없는 것, 아름답지 않다고 여겨졌던 것들이 이제는 쓸모 있고 독특한 것이 된다. 시련이 소중한 자원으로 변화하면서 튼튼하고 아름다운 꽃병이 된다. 골절을 겪고 나면 더 튼튼한 뼈가 되듯 우리가 겪는 각종 사고들은 강함과 고유함의 약속이기도 하다. 비록 불규칙하고 불완전해 보일지 몰라도 이 도자기에는 탄성이 있다.

이 예술은 우리를 우리의 상처를 향해 상징적으로 회귀시킨다는 점에서 자기 연민 수행과 유사하다. 이 접근 방식은 우리가 스스로의 약점을 분명히 인식하고 취약한 부분을 정성껏 바라보다가, 마음의 갈라진 곳을 연민으로 섬세하게 다시 봉합하라고 권한다. 내면 어딘가 상처를 입거나 금이 간 것을 부정하거나, 결점을 숨기거나, 두려운 것들을 깊숙이 묻어 두지 말라고.

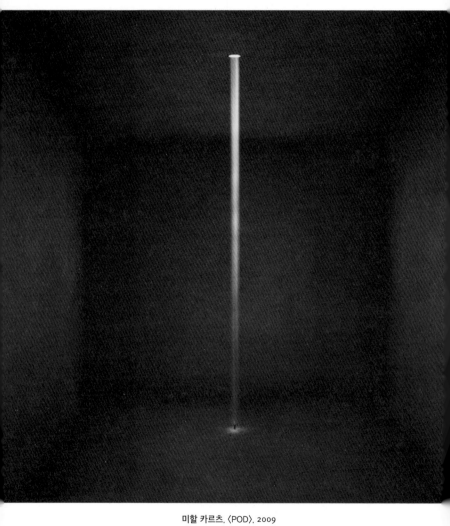

미할 카르츠, ⟨POD⟩, 2009

상처와 열림

"상처야말로 아름다움의 유일한 기원이다. 누구나 자기 안에 간직한 것, 그리고 잠깐이나마 깊은 고독을 만나기 위해 세상을 떠나고 싶을 때 찾아 숨어드는 것, 감추어져 있거나 눈에 보이거나, 누구에게나 다르고 독특한 것, 상처다. (…) 나는 예술이 모든 존재, 심지어 모든 것의 이 은밀한 상처를 발견하고 빛나게 해 주기 위해 존재한다고 생각한다."*

장 주네의 이 문장은 자기 연민의 목적을 한마디로 요약한다. 상처를 발견하고 거기서 다른 세상을 여는 것. 불완전하고 서글픈 우리의 숱한 약점들 너머로 빛이 오솔길을 열 수 있게 하는 것.

결국 우리의 나약한 모습 속에 비밀스럽게 간직된 소중한 자산을 빼앗기지 않고, 분명히 아름다운 어떤 것을 지닌 우리 스스로에게 등 돌리지 않기 위해, 명상은 자신의 나약한 모습과도 최대한 친하게 지내 보라고 말한다. 그리하여 한때는 고통, 치욕, 죄의식의 근원이었던 것들이 받아들여지고 변화되며, 나아가 금이 갔기 때문에 더 아름다워질 수 있도록, 인류에게 유용한 존재가 될 수 있도록.

---

* Jean Genet, 『*L'Atelier d'Alberto Giacometti*』, L'Arbalète/Gallimard, 1963

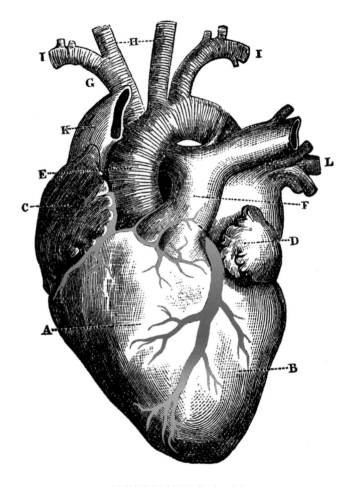

〈인간의 심장〉(킨츠쿠로이), 연도 미상

느림보 학교

배려, 사랑, 시간으로도 달랠 수 없고 치유조차 되지 않는 상처가 있을까? 치유는커녕 우리는 종종 현실 거부, 자기혐오, 조급함 등 정반대의 태도를 취하곤 한다. 완벽해야 한다는 명령, 즉각적인 결과를 얻고자 하는 기대가 우리의 상처를 더욱 덧나게 한다.

킨츠쿠로이의 완성은 느림에 있다. 꽃병의 금을 영구적으로 메우기 위해서는 수리에 앞서 의식이 진행되는데 여기에는 시간과 반복이 요구된다. 접착제를 바르기 전 작가는 몇 시간이고 깨진 조각들을 세심하게 닦는다. 갈라진 부분을 대충 때우거나 틈새를 막는 대신 작가는 깨진 것에 대해 골똘히, 그리고 애정을 가지고 고민한다. 그리고 도자기의 제2의 인생을 전망하기에 앞서 작가는 도자기가 절대로 예전과 같은 모습이 되지는 않을 것이라는 점을 겸허히 받아들인다.

자기 연민의 수련 또한 같은 길을 따른다. 명상가는 당장의 해결책을 찾기보다 결함이나 상처를 파악하기 위해 느긋하게 시간을 갖는다. 자기를 수용하는 것은 절대 쉬운 일이 아니기 때문에, 수많은 저항과 잣대를 만날 수 있기 때문에, 주의를 기울이면 돌 더미 아래 깔린 또 다른 상처들이 조금씩 고개를 내밀기 때문에, 자기 연민의 수련에도 반복과 시간이 필요하다.

우리는 스스로를 사랑하고 용서하고 자기 잘못을 수용한다고 생각하지만, 아직은 스스로를 사랑하지 않는다. 적어도 있는 그대로의 자신을 사랑하지는 않는다. 너무 빨리 가고 싶어 했거나 멀쩡한 단계를 건너뛰고 싶어 했으므로, 그리고 우주의 티끌로서의 우리가 아직은 그 자체로 충분히 인정받은 게 아니므로, 아주 작은 기회만 있어도 결함이 다시 고개를 내민다. 상처가 아무는 것을 방해하는 세균처럼 거절의 목소리는 수용과의 연결을 미묘하게 방해한다. 마침내 스스로에 대한 모든 형태의 공격성을 버릴 때, 새로운 스타일의 아름다움이 모습을 드러낼 것이다.

데이비드 진, 〈로던트로 인해 쩍 갈라진 보도블록〉, 2013

약하다는 느낌이 주는 뜻밖의 긍정적 효과

스트리트 아티스트들은 벽이나 인도에 생긴 금을 없애 버리기보다 오히려 적극적으로 활용한다. 결함은 그들에게 창작의 원천이다.

티베트 불교에서는 마음의 균열에 대해서도 같은 방식으로 접근한다. 지혜는 결함을 지우거나 잘못된 정체성을 만들기 위해 있는 게 아니다.* 화를 억누르고, 질투의 감정이나 교만을 애써 감추기 위한 것 또한 아니다. 다만 그것을 잘 이용하기 위해 있다.

사람마다 다른 정서적 성향은 타고난 자질과 관련이 있고, 잠재적 능력으로 간주되기도 한다.** 화가 넘치는 성격을 예로 들자면, 이런 성격을 가진 사람은 본능적으로 비판적 사고와 명확성을 타고난 경우가 많다. 이들에게는 아마도 정의와 평등이라는 가치가 제일 강하고 중요할 공산이 크다.

이렇게 볼 때 화 자체를 부정하거나, 감정을 자주 억누르는 습관은 또 다른 자질들을 차단하는 셈이다. 바로 이런 이유에서 명상 훈련은 우리에게 나약한 성향을 공격적으로 다루기보다는 생각의 바탕에 늘 연민을 두고 감정의 양극을 가급적 긍정적인 쪽으로 움직여 보라고

---

* 가짜 정체성 또는 거짓 자아의 개념은 도널드 위니콧Donald Winnicott의 연구에서 시작되었다. 심리학에서는 빌린 인격, 또는 통제 인격을 의미한다. 타인으로부터 거부당하지 않고 살아남기 위해 주체는 자기 본성, 가치관, 감정 등을 부정함으로써 외부의 기대에 순응하려고 노력한다.

** 티베트 불교에서 '5불부족五佛部族'에 대한 가르침은 부정적인 감정 하나하나를 본질적인 깨달음의 특징과 연관 짓는다. 이 모든 접근 방식은 감정에 대한 거부라기보다 오히려 감정에 최대한 가까이 다가가기 때문에, 개인이 가진 신경증 또한 긍정적인 잠재력으로 이해한다. 초걈 트룽파의 저서 『끝없는 여행, 부처의 탄트라 지혜 *Voyage sans fin, la sagesse tantrique du Bouddha*』(Threshold/Wisdom Points, 1992)는 이 주제를 발전시켰다.

제안한다.

　우리가 가진 유약함에는 저마다의 역사와 존재 이유가 있다. 그러므로 이를 학대하지 말고 나와 함께 먼 길을 떠나는 길동무로 받아들이는 것 또한 중요하다. 예를 들어, 우리가 갑자기 교만해지는 건 누군가로부터 인정과 사랑을 받고 싶다는 욕구가 커졌기 때문일 것이다. 타인을 우위에서 지배하기보다 그들과 인간적인 유대를 만들고 싶은 마음이 커질 때 우리는 오만함이나 냉소주의의 가면을 벗어던진다. 그리고 우리 내면에 금 가고 갈라진 부분에 철근 콘크리트를 겹겹이 바르기보다는 무장을 해제하고 마음을 누그러뜨리는 것이다. 자기 연민은 자기만족이라기보다는 정신적 용기에 더 가깝다. 자기 연민은 우리가 지닌 결점에 선사하는 매우 참신한 비상구인 셈이다. 연민이라는 부드러운 가치가 더해진 우리의 결점은 상처 입은 사람이나 생쥐를 태워 운반하는 흐르는 강물 위의 작은 나룻배가 된다.

오크오크, 〈도심의 스파이더맨〉, 2011

"균열. 모든 사물에는 균열이 있다. 바로 이 균열을 통해서
빛이 들어온다."

레너드 코언의 이 문장'은 마음챙김 분야에서 이제 꽤 흔한 말이 되었
다. 핵심은 우리의 상처를 열림으로, 유약함을 기회로 바꾸는 것이다.
이때 자기 연민은 고통 속에 몸부림치기 위한 수단이 될 수 없다.

자기 연민은 고통주의의 형태라기보다 진정성과 튀어오름의 기술
이다. 이러한 마음 자세는 있는 그대로의 우리 자신을 사랑하는 법을
배우라고 요구하기 때문에, 스스로가 얼마나 불완전한가를 깨닫는 순
간 우리에게 특히 필요한 것은 용기다. 어떠한 상황에서도 내 마음을
지탱해 줄 수 있는 용기. 이 마음 자세는 우리를 성공이나 실패에 던져
두지 않는다는 점에서 자존감과는 다르다. 마음 자세에는 조건이 없다.
모성애가 그렇듯 자기 연민은 기꺼이 스스로를 받아들이고, 용서하고,
어떤 조건에서도 서로 엉키며 자라나는 덩굴을 순하게 풀어 주는 데 필
요한 존재감과 자신감을 건네준다.

이렇듯 자기 연민은 역동적이고 대담하다는 점에서 편견과도 다르
다. 자기 운명을 동정하고 부족함을 곱씹기보다, 에너지를 방출하고 새
로운 자원을 불러들여서 변화를 향해 나아간다." 자기 연민이 자기 자
신에게 무한히 온화하다고 해서 우리 삶이 사이코드라마로 변질되는
일은 없을 것이다. 반대로 자기 연민은 우리를 이런 변질의 위험에서

---

* 레너드 코언Leonard Cohen의 노래 〈송가Anthem〉(1992)의 일부
** 크리스틴 네프Kristin Neff의 사이트(self-compassion.org)에는 자기 연민에 대한 과학
  적 연구가 소개되어 있다.

해방시킨다. 자기 연민은 유머, 자조, 그리고 창의성을 소환하기 때문이다.

킨츠쿠로이가 그렇듯 자기 연민은 갱신의 예술이다. 금 간 도자기 ―또는 흠집이 생긴 사람―는 사용이 끝난 게 아니라 변이 과정을 겪고 있을 뿐이다.

폐작, 〈위장(르네 마그리트에게 바침)〉, 2016

자기 연민과 커밍아웃

점잖은 사람이나 보수주의자, 혹은 자기 연민을 가진 사람들조차 '예'
혹은 '아니오'라고 말하거나 자기 의견, 욕망, 욕구를 쉽게 표현하지 않
는다. 기존의 가치관에 어긋나는 건 아닌지 염려하며 감히 할 수 없는
곳에는 한계를 미리 설정해 둔다. 자기 연민은 본인이 가진 판단의 영
향에서 벗어나는 것일 뿐 아니라 타인의 영향으로부터의 해방이다. 따
라서 자기 연민은 우리가 진정한 정체성을 되찾게 해 준다. 우리는 더
이상 남의 마음에 들려고 애쓰지 않고, 모든 사람에게 사랑받으려 들지
도 않으며, 나 아닌 다른 사람이 되겠다고 발버둥 치지도 않는다. 우리
는 우리 자신일 뿐이다.

이런 점에서 자기 연민에는 커밍아웃과 같은 힘이 있다. 자기 연민
덕분에 나 자신을 있는 그대로 보여 줄 수 있는 용기가 생겨난다. 상대
가 아직 우리를 있는 그대로 받아들이지 않는다면 쉽지는 않겠지만, 그
를 나의 일부라고 생각하며 연민을 베풀자. 우리에게는 이제 그 정도의
지식과 자기 인식이 있으니까.

자기 확신과 자기 연민은 다르다. 자기 연민은 그 누구도 제외하지
않는다. 자기 연민은 타인에 맞서기보다 스스로와 타인에게 아낌없는
이해와 시간을 제공한다. 자기 연민과 타인을 향한 연민은 서로에게 거
름이 된다.

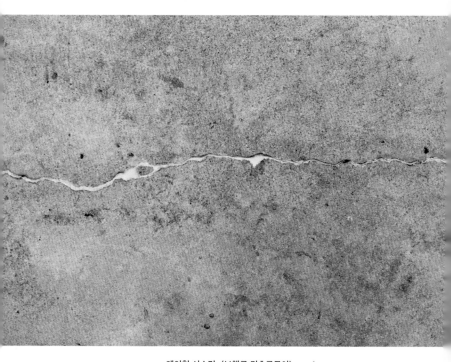

레이철 서스먼, 〈보행로 킨츠쿠로이〉, 2016

금실

킨츠쿠로이의 예술에서 영감을 얻은 레이철 서스먼은 바닥의 틈을 고집스럽게 틀어막고 다닌다. 이는 세상의 상처를 치유하는 상징적 행위이기도 하다. 그녀의 작품에서 금은 보살핌과 수선의 흔적이다. 우리가 사는 지구를 쓰레기통쯤으로 여기거나 제초제를 남용하는 대신, 이 예술가는 지구를 자기와 동등하게 여기며 주의를 기울인다.

이 작가의 접근 방식과 유사한 자기 연민은 우리를 둘러싼 세계로 확장된다. 이 훈련은 열림의 세계로 우리를 데리고 간다. 이미 수많은 고통을 겪고 난 후라, 우리의 거울 신경 세포는 타인과 우리를 둘러싼 세계의 고통에 더 민감해질 수밖에 없다. 그리고 이 '우리를 둘러싼 세계'는 더 이상 안과 밖으로 분리된 차원으로 경험되지 않는다. 지구는 우리 자신의 확장이기도 하고, 우리 자신이 곧 지구의 확장이기도 하다.

그런 점에서 자기 연민 덕분에 너와 나의 경계가 느슨해진다고 할 수 있다. 지구가 상처를 입었을 때 우리 또한 아프다. 우리가 온 마음을 다해 그 상처를 치유해 준다면 우리의 상처 또한 치유된다.

17

참여하라,
명상하라

댄 크레투, 〈지구 폐기물〉, 2009

"명상은 도피처가 아니다."

- 틱낫한

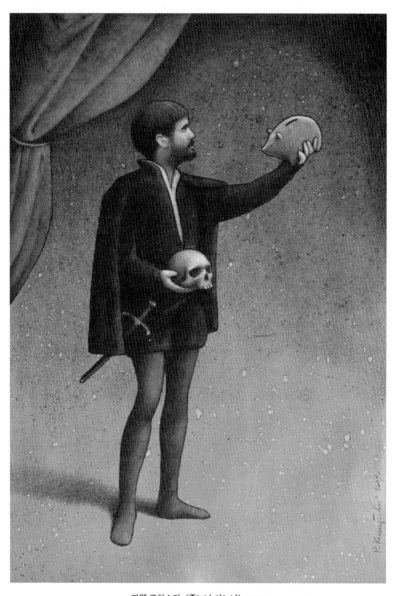

파웰 쿠친스키, 〈죽느냐 사느냐〉, 2009

에고 시스템과 에코 시스템

세상을 바꾸는 일은 스스로를 깊이 들여다보지 않고서는 좀체 이루기 힘들기 때문에, 또 이 단계가 없다면 매번 동일한 개인적, 집단적 오류를 되풀이할 위험이 있기 때문에, 생태계 내에서 명상의 역할은 그 어느 때보다 중요해졌다. 악을 뿌리 뽑지 않는다면, 다시 말해 우리 자신의 에고 시스템에 대해 고민하고 그것을 변화시키는 데 시간을 쏟지 않는 다면, 우리가 하고 있는 행동들은—아무리 참여적인 것이라도—지속될 가능성이 거의 없다. 불행히도 그렇다.

이 점을 유념하지 않는다면, 지금까지의 수많은 단체가 그래 왔듯 이타심을 목적으로 한 것이라 해도 권력 다툼이나 이해 충돌에 걸려 넘어질 공산이 크다. 의도가 어떠했든 생태학적, 인간적 이익보다 경제 성장에 방점을 찍은 기업의 수는 감히 손에 꼽을 수 없을 만큼 많다. 마지막으로, 우리 사회가 수익성을 빌미로 인간적이고 윤리적 가치를 외면한 채 의료 시스템조차 예산 논리로 축소하는 지경에 이른 현실을 누구도 부정할 수 없다.

종종 비참여의 한 형태로 이해되고 있는 게 현실이지만, 명상은 실상 이와는 정반대다. 그것은 우리의 행동을 심을 흙을 가꾸는 과정이다. 명상적 성찰은 세상으로부터 창백한 얼굴로 도망치지 말고 우리가 원하는 바를 면밀히 살피고 무질서한 세상 속에서 주어진 책임을 과감히 짊어지라고 부추긴다. 그러므로 겉보기와 달리 명상은 매우 능동적인 행위다. 그것은 "인간으로서, 개인으로서, 그리고 국가로서 우리의 적의, 두려움, 자기중심주의에 다가서는 법을 배우는 것"*이라고 존 카밧진은 말했다. 마음속, 더 넓게는 가족과 사회 조직에 있을 수 있는 혼돈 속에서 명상 훈련은 우리 각자에게 적극적으로 참여하라고 끈질기게 부추긴다.

---

* Jon Kabat-Zinn, 「Too early to tell: The Potential Impact and Challenges – Ethical and Otherwise – Inherent in the Mainstreaming of Dharma in an Increasingly Dystopian World」, 『Mindfulness』, 8, 2017

파웰 쿠친스키, 〈퍼펙트 가든〉, 2017

1960년대와 1970년대 베트남 전쟁이 한창일 때 미국에 불교가 도입되었다. 미국 문화에 반발한 예술가들*이 명상 수련이 물질주의, 이익 논리, 폭력에 대한 저항의 수단임을 인식하는 데는 그리 오랜 시간이 걸리지 않았다. 명상의 길은 사회적 의식을 소멸시키는 방식이 아니고 정치 전반에 적용된다. 명상은 도피나 흔적 지우기의 수단이 아니라 참여의 수단이다. "후퇴는 반란이다. 깊은 산골에 들어갈 이유가 없다. 혁명적 금욕주의는 도시 한복판에서 실행되어야 한다"**라고 실뱅 테송은 말했다. 비록 조용하게 이루어져도 예술이 그렇듯 명상 또한 표현의 한 방법, 종종 저항의 한 방법이다. 명상은 집단에서 이탈한 개인의 행복을 촉진하지도, 존중과 평등에 대한 비효율적 가치들에 군말 없이 동조하지도 않는다. 그보다는 내면에서 바깥으로 향하는 완전한 행동주의다.

마음챙김이 상품화되고 신자유주의가 명상의 많은 부분을 왜곡해서 전달하고, 각종 기사에서도 명상을 개인의 웰빙을 위한 사이비 과학처럼 사고파는 오늘날, 우리는 몇 가지를 분명히 집고 넘어갈 필요가 있다. 업무가 주는 고통을 해결하기 위한 기업들의 매니지먼트 테크닉***과 명상이 혼동될 때도 있다. 그렇다고 해서 명상이 스트레스의 구조적 원인을 철저히 망각하면서 개인의 스트레스 해소에만 매달리는 것은 아니다.

---

* 잭 케루악, 윌리엄 버로스, 앨런 긴즈버그, 그레고리 코르소, 개리 스나이더, 케네스 렉스로스, 다이앤 디 프리마, 밥 카우프만 등을 들 수 있다. 이들은 특히 현대 소비 사회의 가치에 반대하기 위해 불교와 명상 수행으로 전환했다.

** Sylvain Tesson, 『Dans les forêts de Sibérie』, Gallimard, 2011

*** 이 주제를 다루는 논문은 여러 편이다. 「Can the mindfulness movement resist becoming a tool of self-absorption?」, 『Vox』(2019). 「La méditation, le nouvel esprit du capitalisme」, 『The Conversation』(2019)

부처가 우리에게 좌선 명상 수행을 제안했다면, 연꽃과 향으로 둘러싸인 방 안에 모여 앉아 희희낙락하라는 뜻이 아니라 정신을 관찰하고 '고통의 근본 원인'*을 이해하라는 것이 아닐까. 결국 여러 스승 중에서도 존 카밧진이 명상의 대중화에 앞장선 것은 사람들에게 편안한 수면법을 알려 주기 위해서도, 오늘날 지구가 앓고 있는 불행과는 아무 상관 없이 지금 이 순간의 소비주의를 조장하기 위해서도 아니다. 명상은 고개를 들라고, 복종하지 말라고, 주식 시세에 좌지우지되는 시장의 논리에서 용케 빠져나가라고 우리에게 말한다. 나지막이.

---

* 불교에서는 탐욕, 분노, 증오, 무지를 고통의 근본 원인으로 간주한다.

파웰 쿠친스키, 〈존재하는가 그렇지 않은가〉, 2019

지금 이 순간 그리고 약속

언제부턴가 비즈니스 용어가 우리 삶의 가장 내밀한 영역까지 침범하면서 우리는 '건강 자본'을 '최적화'하고 감정을 '경영'하며 우리 삶의 '경영인'이 될 것을 강요받는다. 이에 따라 명상 훈련 역시 지금 이 순간을 '이용한다profiter'는 생각으로 축소되었다.

금융 용어에서 빌려 와 '수익을 보다', '최대한 이용하다' 등을 의미하는 이 동사가 나는 그다지 만족스럽지 않다. 명상은 매 순간 수익 창출을 목적으로 하는 기회주의의 한 형태와 다르다. 명상은 그 무엇보다도 역사 속의 이 순간 자체에 충만하게 '있으라'는 초대다. 이 순간이 편안한지 아닌지는 상관없다. 이런 맥락에서 환경, 건강, 사회, 정치, 경제, 정신 차원에서 전례 없는 시련의 시기를 맞은 요즘, 마음챙김을 신자유주의, 쾌락주의와 혼동하는 것은 어불성설이다.

"당장 오늘부터 인생의 장미를 꺾어라"라는 말은 현재에서 최대치의 즐거움을 끌어내거나, 생산성의 논리를 우리 내면에까지 적용하거나, 사회적 절차들을 개별화하라는 뜻이 아니다. 그보다는 우리가 참여를 약속한 것들에 다시 인격을 부여하고, 순간을 우리가 원하는 방식대로가 아닌 있는 그대로 맞이하라는 뜻이다. 요컨대 지금 현재의 순간을 산다는 것은 주어진 환경을 넘치게 이용하라는 말이 결코 아니다. 똑같은 환경에서 어떻게 하면 자기 자신에게 기꺼이, 진심으로 충실할 수 있는지를 생각하라는 말이다.

그럴 때 지금 이 순간은 생애 가장 옳은 순간이 된다. 그것이 우리 역사에서 가장 즐거운가 그렇지 않은가는 또 다른 문제다. 왜냐하면 이 순간이야말로 행동의 여지가 있는 유일무이의 순간이기 때문이다. 그

• Pierre de Ronsard, 『*Sonnets pour Hélène*』, 1578

러므로 이 순간이야말로 생애 최고의 순간이라는 점은 자명하다. '웰빙 자본'을 '증폭시키기'보다 우리의 의도에 대해 여전히 반문하고, 소비하고 참여하는 방법에 대해, 우리가 가진 가치와 행동을 일치시키는 방안에 대해, 그리고 서로 도움을 주고받으며 살아가는 방법에 대해 고민할 수 있는 순간이야말로.

주앙 마르케스, 〈네 마음을 바꿔 봐〉, 2019

콜 투 액션 call to action

방석 위에 앉은 명상가는 실질적으로 수혈을 하거나 비극의 희생자를 돕거나 난민에게 손을 내밀고 있지는 않지만, 그의 행동은 완전하다. 그는 모든 고통의 근원, 말하자면 그의 정신에 따라 행동하고 있다.

역설적으로 들리겠지만 자기중심적 성찰보다 훨씬 더 명상적인 것은 이성 중심적 성찰이다. 이성 중심적 성찰은 언제나 타인을 향한다. 나를 둘러싸고 있는 세상에 내가 줄 수 있는 것은 무엇인가? 명상은 늘 이런 질문에서 시작된다. 매일매일 평범한 눈으로 주위를 돌아보는 것만으로도 우리는 타인에 대해 분명하고 너그러운 행동을 취하는 셈이다. 본인의 의도를 곱씹어 생각할 여유도 없이 성급하게 행동하기보다, 저지할 여지가 있는 모든 것에 대해 질문을 던진다.

명상을 하는 사람은 '바깥'의 수많은 음모를 구태여 부정하지 않으면서 '안'에서 바꿀 수 있는 길을 모색한다. 스스로를 변화시키는 데 도전한다는 것은 때로 타인을 위해 행동하는 것보다 더 큰 용기를 필요로 한다. 두려움, 흔들리는 마음, 인정 욕구, 분노, 좌절 또는 증오를 끌어안고 앉아서 명상하는 것은 이웃을 돕는 행동보다 사회적으로 그 가치를 훨씬 덜 인정받는다. 이 때문에 명상은 언뜻 수동적인 행위로 보이겠지만, 사실 적극적인 참여 행위에 가깝다.

나의 정신을 살펴보는 시간을 갖는 것은 몸을 숨기거나 세상으로부터 한 발짝 물러서는 것이 아니라, 조금 더 명확하게 투쟁하는 방식이다. 명상에서 비행동은 그러므로 수동성에 대한 맹목적 찬양도, 행동에 대한 반발도 아니다. 그것은 행동을 조절하고 때로는 행동을 만들어 내는 한 방법이다.

카일 톰슨, 〈361/365〉, 2013

판단하지 않기와 식별하기

물론 명상은 자기 생각에 덜 동화되려는 수행이지만, 그렇다고 해서 비판적 사고를 할 수 없는 것은 아니다. 명상이 우리를 의견도, 입장도 없는 수증기 같은 존재로 만들지 않는다는 점은 참으로 다행스럽다.

거듭 말하지만, 명상의 목표는 우리의 생각을 제거하는 게 아니다. 그보다는 생각의 본질을 이해하고 다소 산만한 마음을 영리하게 사용하는 데 있다. 명상을 통해 자기의 감정적, 정신적 반응에 익숙해지고, 조급한 판단의 함정에 넘어가지 않는 법을 배우다 보면 어느새 식별하는 능력이 생겨난다. 충동은 점점 줄어들고 날카로운 분석 능력이 커진다. 건설적인 생각과 그렇지 않은 생각의 차이를 분별하는 능력 또한 점점 더 예리해지고, 명확한 사고력, 행동을 지시하는 능력 또한 함께 발전한다.

티베트 불교에서는 뗄 수 없는 두 가지 지혜에 대해 언급한다. 하나는 '예셰 yéshé' 또는 '본연의 지혜'라고 불리는 것으로, 이는 공간, 열림, 그리고 판단하지 않기와 관계가 있다. '셰드럽 shedrup' 또는 '식별하는 지혜'라고 불리는 다른 하나는 분석 및 분배에 대한 것이다. 이 두 가지 지혜는 서로의 부족한 면을 끝없이 채워 주는 상호 보완의 관계다.

판단하지 않는 정신 상태를 갖는다는 말은 혼란을 피하거나 슬픔을 나누지 않고, 자기 의견을 내세우지 않는다는 의미가 아니다. 그보다는 대가가 어떻든 간에 행동의 중심에서 윤리관을 잃지 않으면서 자기 의견을 더욱 예리하게 벼리는 방법을 배워 간다는 말일 것이다.

엔스 슈바르츠, 〈저항〉, 2021

친절과 저항

'친절bienveillance'이라는 단어가 2018년 프랑스 로베르 사전이 선정한 올해의 단어로 뽑혔고 보험 판매에도 쓰일 정도로 일반화되었는데, 여기엔 몇 가지 설명이 필요하다.

명상의 맥락에서 친절은 비판 정신 없이 무조건 헌신하라거나 선함을 증명하라고 강요하지 않는다. 어원을 따져 보자. '친절'이라는 단어는 호의를 의미하는 라틴어 benevolentia가 아니라 bona vigilantia 또는 프랑스어 bonne vigilance(엄중한 경계)에서 파생했다. veille(깨어 있음), vigie(경계)와 같은 어원을 갖는 이 정신 자세는 주의를 올바른 곳에 둘 것, 그리고 필요한 상황이 닥쳤을 때 단호함과 확고함을 보여 줄 것을 요구한다.

사람들의 생각과 달리 친절의 선택은 늘 순조롭거나 상호 합의로 이루어지지만은 않는다. 상대에게 해를 끼치지 않겠다는 의도가 녹아 있으므로 친절은 단호한 민낯을 드러내기도 한다. "오래전 어느 날 한 수녀원에서 진정한 자비의 화신들을 만났을 때였다. 이들은 전반적으로 경쾌하고 긍정적이면서 무심하고 돌연한 외과 의사처럼 행동했다. 인간의 고통에 대한 일말의 연민도, 감정도, 두려움도 얼굴에서 읽을 수 없었다. 온화함이라고는 찾아볼 수 없는 이 얼굴들이야말로 진정한 선함을 담은, 숭고한 얼굴들이었다"라고 마르셀 프루스트는 썼다.

친절은 자기 자신이나 타인을 향한 관용이라고 하기에는 제법 까다롭게 굴고 가끔 대립각을 세우기도 한다. 친절은 어떤 핑계로든 우리의 인간성이 잠들지 못하게 흔들어 깨우곤 한다. 친절은 참 다양한 얼굴을 지녔는데, 가끔 저항의 얼굴을 빌릴 때도 있다.

•   Marcel Proust, 「Du côté de chez Swann」, 『À la recherche du temps perdu』, 1913

18

함정을
피하자

스테판 그라프, 〈급속한 자아 디플레이션 실험〉, 2009

"모든 기술은 실패의 운명을 가지고 탄생한다.
순간의 경험을 조작하기 위해 마음챙김을
이용하는 기술은 특히 더 실패다."

- 로드니 스미스

- Je veux accéder à l'humilité ! Je veux même
devenir le N°1 <u>mondial</u> de l'humilité !

겸손에 반드시 도달하고야 말겠어!
세상 최고의 겸손에 닿고 말 거야!

부치, 〈겸손〉, 2012

완벽한 자아를 꿈꾸면
오히려 공격의 대상이 된다

수년 동안 명상을 하고 나면 그 어떤 장애물도 만나지 않을 거라는 믿음은 꽤나 고전적인 함정이다. 명상은 생애 마지막 시간까지 평화롭게 살 수 있도록 우리를 단단히 만들어 줄 것이다. 야망의 고삐를 늦추기보다 언젠가는 안락한 정규직이 될 수 있을 거라고 의식적으로 기대하면서 우리는 마지못해, 그리고 비밀리에 비정규직 계약서에 서명을 한다. 결과를 희망하면서 시간을 흘려보낼 뿐이다. 소위 '옛' 명상 스승들에게 모든 단점과 근심에서 해방된 존재의 이미지를 투사하는 작업은 바로 이런 마음 상태에서 시작된다. 누군가의 균형 잡힌 성격, 지혜, 또다른 누군가의 겸허 또는 유머 감각 등을 한껏 추앙하기 시작하는 것이다. 그런데 이 같은 이상화 작업을 계속할수록 우리는 있는 그대로의 자신을 수용하기보다 개선과 발전을 강요하는 습성이 있다. 그 결과 전보다 더 많은 비교와 자기 환멸만이 남는다. 또한 추앙하는 존재를 향한 투사 행위는 현재의 나와 내가 바라는 미래의 나 사이에 협곡을 만들어 오늘, 지금 이 순간만이 갖는 소중한 가치를 빼앗는다. 그래서 오늘의 가치가 주는 좋은 기회를 알아보지 못하고 늘 여기는, 지금은 아니라는 불만과 씁쓸함만을 느끼며 살아가는 것이다. 이런 감정들은 나이와 상관없이 찾아온다. 고정 관념에 갇혀 누군가의 모습에 스스로를 투사하기만 할 때 지혜는 곧 굴레로 전락한다. 타인을 이상화하는 명상가는 약한 자기 모습을 보이려고 들지 않는다. 오랜 세월 명상 수련을 해 온 선배 명상가든 스승이든, 고작 멜론 하나 크기의 에고를 지닌 불완전한 인간에 불과하므로 이들을 이상화할 필요는 없다.

　요컨대 지혜가 '완벽함'의 동의어로 머무는 한, 공격적인 방식으로 명상을 지속하는 데는 큰 위험이 따른다. 유머, 사랑, 양보의 길이 되어야 할 것들이 어느 순간 자해로 돌변할 수 있기 때문이다. 반대로 명상가의 '과감함'으로 슈퍼맨의 망토를 벗어던질 때, 우리는 언제나 슈퍼맨으로 남는다.

• 이 책 75쪽 참조

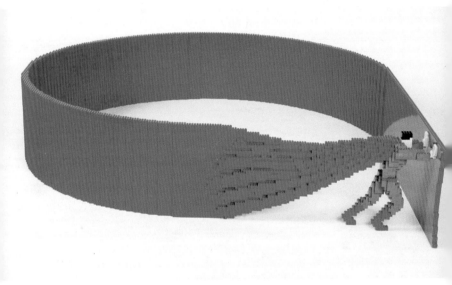

네이선 사와야, 〈슈퍼맨〉, 2017

나의 진정한 영웅은 바로 지금의 나

최근 몇 년 동안 출간된 몇몇 책과 소셜 미디어 계정은 요즘의 경향을 개선하는 데 별 도움이 되지 않는다. 이들은 누구나 마침내 오랫동안 선망하던 존재가 될 수 있다는 슬로건을 외치며 마음챙김을 상업화한다. 궁극적 주장은 무결점 인간이 되라는 것이다. '더 나은 버전의 나 자신이 되자'고 하나같이 외친다.

그나저나 현재의 모습이 도대체 어떻길래 더 나은 모습을 목표로 하라는 걸까? 뭔가 부족해서? 이런 식의 목표 키우기는 자기 비하를 조장하는 게 아닐까? 마침 사람들은 대부분 자기 비하에 도가 텄다.

물론 여기서 의도하는 것은 발전 가능성에 대한 의심이나, 명상이 본질적으로 갖는 변화의 힘에 대한 부정이 아니다. 그보다는 자기계발이라는 개념 자체가 불러올 수 있는 폐단에 대한 경각심이다. 욕망이라는 그물망으로 촘촘히 짜 놓은 자기계발은 자칫하면 우리가 어깨에 두른 슈퍼맨 망토를 고통의 씨앗으로 둔갑시킬 수 있다.

완벽한 자아를 추구한다는 것, 비록 칭찬받을 일이긴 하지만 이는 결국 우리를 아무 데로도 데려가지 못한다. 진심으로 나를 바꾸고 싶은가? 그렇다면 있는 그대로의 나를 받아들이고 현재의 '나(그리고 스쳐 지나가는 여러 개의 나)'를 사랑하겠다는 핑계를 대면서 미래의 지금보다 '나은 나'를 계획하는 행동을 멈추자. 이야말로 가장 빠르고 건강하고 어쩌면 가장 영웅적인 행동일 수 있다.

시리 카우르, 〈크리스토퍼(전화기)〉, 2006

향상된 버전 또는 수용하기

20년 동안 명상 수련을 해 왔지만, 나는 다른 사람으로 바뀌지 않았다. 다만 전염성 있는 불안형 인간에서 차분한 불안형 인간으로 바뀌었을 뿐이다. 반응도 또한 과민형에서 평범 수준으로 변했다. 감정들로 말하자면 전보다 조금 더 쓸 만하다고 말할 수 있겠지만 솔직히 천성이 어디 가랴. 마음챙김 강사가 되고 난 지금도 나는 매일 내 안의 작은 지옥들과 옥신각신하며 살아간다. 그런데 나는 두 팔을 활짝 열어 이 지옥들을 하나하나 반가이 맞고 이들을 원료 삼아 살아가려고 노력한다. 다시 한 번 말하지만, 명상 방석을 깔고 앉았다고 해서 어느 날 갑자기 변화가 생기거나 초자아가 나타나는 기적은 없다. 내 마음을 가만히 들여다보기 위해 내면 깊은 곳으로 다시 내려가는 인내와 끈기, 그리고 타인을 있는 그대로, 나 자신을 조금 더 있는 그대로 사랑하는 법을 배우는 것을 빼면, 명상은 나에게 그 어떤 초능력도 선물해 주지 않았다. 비록 우리 시대의 명상이 자기 완성을 위한 성배처럼 판매된다고 해도 '완벽한 사람 만들기'가 명상의 목적은 결코 아니다. '지금보다 향상된 버전의 나'를 추구하는 것은 급기야 새로운 형태의 에고를 만들고 이는 더 많은 고통을 만들어 낼 위험이 있다. 명상의 목적에 부응하지 못한다는 자괴감, 거기에서 오는 끝없는 불안감은 주입식 수련을 낳는다. 그리고 애초에 자유와 해방을 향해 뻗어 있던 명상의 길이었건만 언젠가부터 막다른 골목이 된다. 개인의 성장을 위한 벡터로서 명상을 장려하는 것은 사회적 다윈주의의 톱니바퀴를 교묘하게 움직이면서 사람들을 지금보다 더 대립 관계로 만들 위험이 있다는 걸 잊지 말아야 할 것이다. 세상에 무해하게 헌신하기, 자기계발의 개념에서 자기 수용의 개념 쪽으로 이동하기. 이것은 가짜 정신수련 마케팅의 주장을 직접적으로 반박하는 것보다 한결 더 온화하고

엄격하며 효과적이다. 숙련된 수행자는 완전무결한 존재가 아니라,
시간이 지날수록 더 명확하고, 더 사랑스럽고, 더 자비로운 혼돈 그 자
체이기 때문이다.*

---

* 로브 네른Rob Nairn은 남아프리카 출신의 불교 강사다. 명상 수행의 결과에 대한 기대
  를 허물고 옛 수행자들의 표현을 이해시키기 위해 그는 '성공한 명상가'가 아니라 '자
  비로운 혼돈'을 언급한다.

19

침묵으로
돌아오자

존 케이지, 데이비드 튜더 재구성, 〈침묵의 악보 4분 33초〉, 1989

"언어가 거부하는 것은 오직 한 가지.
소리를 거의 안 내는 것이다, 침묵처럼."

- 프랑시스 퐁주•

•   Francis Ponge, 『*Proêmes*』, Gallimard, 1948

로버트 라우션버그, 〈하얀 그림〉, 1951

이 책에 소리를 내는 기능이 있다면 나는 존 케이지의 일화*를 끼워 넣고 싶다. 무대에 오른 피아니스트가 피아노 앞에 앉는다. 조만간 울려 퍼질 연주에 관객들이 귀를 모으고 있는 가운데 연주자는 돌연 피아노 뚜껑을 덮어 버린다. 침묵하는 피아노. 이렇게 4분 33초의 침묵이 흐르고, 다시 피아노 뚜껑을 여는 연주자. 곧이어 무대를 떠난다. 피아노에서는 단 하나의 음도 울리지 않았다.

존 케이지는 음표로 이루어진 작품을 들려주기보다 듣는 이들의 반응, 연주장과 환경의 소리 등 세상의 소리를 들으라고 권한다. 명상 수련이 그렇듯이 이 작곡가는 어느 것 하나 추가하지 않는다. 삭제하는 것도, 새로 만들어 내는 것도 없다. 존 케이지의 퍼포먼스는 말하자면, 어떤 편견 없이 소리 그 자체에 다가가 일상의 소리에서 예측 불가능한 지금 이 순간의 악보를 그리도록 돕는다. 조금씩 관객들의 반발과 웅성거림이 잦아들 무렵, 침묵이 자리 잡는다. 세상에서 가장 간단하고 단순한 이 존재에 사람들은 기꺼이 공간을 내어 준다.

시각 예술, 특히 로버트 라우션버그의 하얀 캔버스 시리즈에서 영감을 받은 존 케이지는 침묵의 개념에 의문을 제기하고 백색 소음에서 음악적 공간을 창조한다. 그의 화가 친구의 캔버스에서 흰색은 빛과 그림자, 그리고 보는 사람의 기분에 따라 다른 색조를 띤다. 마찬가지로 존 케이지의 작품은 언뜻 조용하게 느껴지겠지만, 실제로 이 조용함에는 온갖 종류의 소리가 깃들어 있다. 이 같은 임의의 소리와 이를 둘러싼 침묵이 이후 사색의 공간, '기도', '4분 33초의 명상'**으로 태어난다.

---

* 1952년 우드스톡에서 처음 있었던 해프닝이다.

** 〈4분 33초〉를 최초로 해석한 음악가 겸 연주자 데이비드 튜더가 한 말. 윌리엄 페터먼William Fetterman의 저서 『존 케이지의 연극 작품에서: 표기법과 연주 In John Cage's Theatre Pieces: Notations and Performances』(Harwood Academic Publishers, 1996)에 수록되었다.

시오타 치하루, 〈침묵 속에서〉, 2011

소음을 전적으로 수용하기

명상 수련 초기, 소음은 보통 장애물로 인식된다. 외부 소리는 골칫거리요, 산만해서 주의를 흩뜨린다. 소리는 이내 투쟁의 대상이 된다. 젊은 명상가들은 등을 돌려 창문을 닫고 명상에 집중할 수 있도록 각종 방법을 찾아 나선다.

마음챙김 강사들이 그렇듯, 존 케이지도 이와 정반대의 방법을 제시한다.* 즉, 다시 창을 활짝 열어 들려오는 모든 소리를 반겨 맞고 주의를 산만하게 하는 요소를 듣기의 1차 원료로 만들라는 제안이다. 침묵의 4분 33초라는 발상은 오랜 수련 과정의 결과물이다. 어느 날 하버드대학의 방음 부스를 방문한 존 케이지는 그곳에서 드디어 절대 침묵을 만났다고 생각한다. 그 순간 그의 귀에는 단 두 가지 소리만 들려왔다. 신경계에서 나오는 고음, 그리고 그의 혈관을 순환하는 피가 내는 깊은 소리.

이때의 경험 이후 존 케이지는 침묵을 찾아 나서는 일을 그만두었다. 소음과 침묵이라는 두 가지 차원을 분리하고 외부 상황들이 잠잠해지기를 기다리기보다, 침묵은 내면 상황의 결과일 뿐이라는 결론에 도달한 것이다. 명상의 길도 마찬가지다. 방음 부스가 그랬듯 명상은 우리의 생각이 만들어 내는 소음을 더욱 도드라지게 만든다.

그런데 명상을 하다 보면 이 두 가지 소리뿐만 아니라 수많은 목소리 또한 들려올 때가 있다. 생각들은 수다스럽고 매우 시끄러워서 귀가 먹먹해질 지경이다. 그러다가 어느 순간 이 내면의 목소리들이 완전히 수용되고 본질적인 '공_空'으로 여겨졌다가 침묵의 표현으로 되돌아간다.

---

* 존 케이지는 명상을 수행하고 2년 동안 선불교 스승 스즈키 다이세쓰鈴木大拙의 가르침을 따랐다.

나이토 레이, 〈매트릭스〉(데시마 미술관), 2010

새 한 마리가……

"어느 날 새 한 마리가 노래를 시작하자 명상 스승이 연단에 올랐다. 스승은 침묵을 지켰고 모든 승려가 새의 말을 들었다. 새가 입을 다물자 스승은 설교가 끝났음을 알리고 강당을 떠났다."

이 이야기를 데시마섬의 건축가 나이토 레이*의 작품에 대입해도 좋다. 마치 선불교 스승처럼 이 작가는 만물이 입을 다물고 있는 넓은 공간으로 우리를 초대한다. 가끔씩 바람이 불고 새가 노래하는 공간으로.

이 공간에 입장하는 것은 신성한 장소에 들어가는 것과 같다. 순서를 기다렸다가 신발을 벗고 감압실을 통과하고 나면 관람객은 이제부터 침묵의 영역에 들어선다. 하나 손댈 것 없이 한낮이 교차되는 광대한 콘크리트 공간이 바로 작품이다. 인간의 침묵과 정지된 행동이 그 자체로 예술 작품을 이룬다.

파블로 네루다는 이렇게 썼다. "만약 흔들리는 우리의 삶을 지키는 데만 그토록 몰두하지 않는다면, 단 한 번이라도 아무것도 하지 않을 수 있다면, 어쩌면 침묵이 우리를 찾아와 서로가 서로를 진심으로 이해하지 못하는 데서 오는 엄청난 슬픔을 막아 줄 것이다."

이와 같이 시인, 예술가, 명상가가 늘 '고귀한 침묵'**을 추구하고 내면에 들어가 자발적 침묵 속에 잠기는 것은, 침묵이야말로 경청의 유일한 방법이며 우리 내면에 핀 꽃을 따서 세상에 바치는 유일한 방법이기 때문이다.

---

* 　內藤禮(1961~). 히로시마 출신의 일본 예술가
** 　불교에서 '고귀한 침묵'은 묵언 수행을 의미하는데 이는 더 많은 경청, 명확성 및 연민을 계발하기 위한 목적이 있다.

마크 로스코, 〈빨강 위에 하양〉, 1956

나오며

이 책을 쓰기 시작할 때부터 나는 화가 마크 로스코에 대한 이야기로
책을 마무리하게 되리라는 걸 알고 있었다.

> "찢어지고 분열된 것 아래 어떤 말이 묻혀 있다.
> 흩어진 것을 다시 모아야 한다.
> 거기에 당신의 유일한 괴로움이 있으니.
> 구별을 거부하라."*

물질 만능주의가 우리 앞에 놓인 것들을 전부 흡수하려 하지만, 우
리 존재는 이런 상황에서도 균형을 유지하려 애쓴다. 따라서 나는 오늘
날에도 명상이 늘 그래 왔던 모습 그대로 남아 있기를 소망한다. 파묻
혀 있는 말을 꺼내고, 구별을 거부하고—우리 각자의 내면에서—분열
되고 파편화된 것들에 감동을 주는 예술의 모습으로.

내가 쓴 몇 줄의 말이 자아를 찾기 위해 명상의 길을 떠나는 이들에
게 아주 조금이라도 보탬이 되기를, 우리가 '존재'라고 부르는 너무나
아름다운 모험과 수많은 인연을 보살피는 하나의 방법으로 남아 있어
주기를 간절히 바랄 따름이다.

---

* Stéphane Lambert, 『*Mark Rothko - Rêver de ne pas être*』, Arléa, 2014

마음챙김 관련 사이트

책만으로는 충분하지 않다는 생각에 명상에 도움이 될 만한 몇 가지 사이트를 아래와 같이 소개한다.

프랑스와 프랑스어권 마음챙김협회(이곳에서 마음챙김 강사 리스트를 볼 수 있다): association-mindfulness.org

벨기에: pleine-conscience.be

미국(해외 포함): Brown Mindfulness Center: brown.edu

Le Village des Pruniers: plumvillage.org(영어와 프랑스어)

Gaia House: gaiahouse.co.uk(영어)

Spirit Rock: spiritrock.org(영어)

Insight Meditation Society: dharma.org(영어)

Gregory Kramer: gregorykramer.org(영어)

Frank Ostaseski: mettainstitute.org(영어)

Bob Stahl: mindfulnessprograms.com(영어)

Martin Aylward: martinaylward.com(영어와 프랑스어)

Pascal Auclair: pascalauclair.org(영어와 프랑스어)

Martine et Stephen Batchelor: martinebatchelor.org(영어와 프랑스어)

감사의 말

그 어떤 경우에도 한 권의 책은 그것을 쓴 사람의 인생, 그리고 책을 쓰는 동안 페이지를 넘나들던 이들의 삶과 분리되지 않습니다. 이 책은 참으로 많은 사람을 담고 있습니다.

제일 먼저, 이 책의 출발점이었던 근본적인 질문, "너라면 명상을 어떻게 표현할 거야?"를 던져 준 아나엘 아시에*에게 감사합니다. 그의 유머, 다르마, 그리고 사랑에도.

처음 몇 줄을 읽자마자 반짝거리던 클레르 미지와 마리안 리나르**의 눈동자가 없었다면 이 책은 세상에 나올 수 없었습니다. 두 사람에게 깊은 감사를 전합니다.

집필을 위해 평온한 공간을 제공해 주고 자신감이 떨어질 때마다 끝없이 용기를 준 이살루 레쟁에게 감사합니다. 몇 시간에 걸쳐 원고를 읽어 준 것, 웃음, 흥, 시구, 그리고 강력 접착제 같은 우정…… 전부 감사하려면 책 한 권을 다 바쳐도 모자랄 것만 같습니다. 샤를린 레댕, 모니카 드글리 에스포스티에게도 감사를 전합니다. 남프랑스의 붉은 집 Maison Rousse에서 묵게 해 준 쥐스틴과 쥘리앵 들롱***에게도 감사합니다. 에마뉘엘 몰레, 그리고 우리를 이어 주는 다르마에도 감사합니다. 클로에 브라미, 앵캥 드쇼, 베릴 마르졸랭, 에마뉘엘 포르, 도미니크 르

* 아나엘 아시에는 나와 함께 『부모님처럼 되지 않는 방법: 15~25세를 위한 명상 Comment ne pas finir comme tes parents - La méditation pour les 15~25ans』 (éditions Les Arènes, 2016)을 썼다.
** 클레르 미지는 『당신의 가장 친한 친구는 바로 당신입니다 Votre meilleur ami, c'est vous』(éditions L'Iconoclaste, 2018)의 저자다. 마리안 리나르는 『온순하지 않게 Passage』(Flammarion, 2019)의 저자다. 두 권 모두 명상에 대한 훌륭한 레퍼런스다.
*** 쥘리앵 들롱은 마음챙김 애플리케이션 'Mind'를 제작했다.

투, 산드린 갈티에 드 생 크리스토프, 마뉘엘라 통바의 응원과 환희에 진심으로 감사합니다.

이 책에 담긴 모든 내용은 앞서 스승들에게서 배운 것들을 담고 있으므로 어떤 의미에서 이 책은 한 사람 이상이 쓴 것으로 보아야 합니다. 존 카밧진, 밥 스탈, 멜리사 블래커, 주느비에브 아멜레, 숲 명상 승려, 궨둔 린포체 등 스승님들께 깊이 감사드립니다. 내 존재의 가이드가 되어 주고 모든 과정을 풍요롭게 해 주는 명상의 문을 열어 주셔서 고맙습니다.

모험, 인간적 온기, 명상 교육을 계속 받고 이 책을 집필할 수 있는 영감을 준 MBSR 프로그램 동안 만난 모든 이에게 감사드립니다. 한 분 한 분 이름을 거론하고 싶지만, 그러자니 책이 너무 두꺼워질 것 같군요. 그럼에도 생쉴피스로 떠난 산책길에 명상과 춤의 연관성을 찾아 준 올리비에 아스코트와 자비라는 단어의 어원을 알려 준 시몬 장드로에게 특별한 감사를 드리고 싶습니다.

이 책은 바르바라 리사크, 마틸드 퓌슈, 알렉상드라 뒤샤토, 카트린 보니파시, 엘렌 마르탱비비에, 크리스토프 레노, 안발레리 지아놀리, 프랑크 블로, 안로르 모야플라나, 이자벨 스투플레 그리고 티팬 뒤몽티에의 조언과 섬세하고 현명한 독서에 큰 빚을 졌습니다. 이들의 지원과 아낌없이 내준 시간에 감사드립니다.

이 프로젝트에 자신감을 불어넣어 준 알뱅 미셸 출판사의 니콜라 드 쿠앵테 씨에게 감사드립니다. 인내심과 친절에도 황금종려상이 있다면 응당 그가 받아야 할 것입니다. 그리고 미하엘라 코조카리우 씨 등 편집부에 감사의 말을 아무리 전해도 부족할 것 같습니다. 뱅상 몽타나와 문화 협회 MUSE에도 큰 감사를 드립니다.

이 책에 언급된 예술가 모두에게 감사드립니다. 당신들의 조용하되 열정적인 말들로 이 책을 채웠습니다. 읽을 때마다, 응시할 때마다 새로워지던 당신들의 말과 작품이 저에게 끝없이 새로운 활력을 주었다고 말하고 싶습니다. 부디 제가 잘못 읽은 부분이 없기를 바라면서. 그리고 파비엔 베르디에에게 아주 특별한 감사를 전합니다.

오래된 돌들과 꽃들 덕분에 명상을 할 수 있었습니다. 기차 창문 너머로 스쳐 가는 풍경과 파리 카페의 소란스러움 덕분이기도 했고요. 이 책에서 계속 메아리처럼 울리고 있는, 존재를 알 수 없는 거리의 예술가들에게 감사드립니다. 가끔은 나와 아무 관계 없는 단어를 저절로 발견하게 해 준 이 책 자체에 감사를 전하고 싶습니다.

마지막으로, 반복되는 나의 빈자리를 견디고 사랑으로 응원해 준 남편 옌스 슈바르츠에게 진심으로 감사를 전합니다. 남편의 두 아이 베르톨트와 레베카에게도 고맙다고 말하고 싶습니다. 사랑하는 부모님께 감사드립니다. 그리고 온 마음으로 할머니께 감사드립니다. 할머니가 아니었다면 이 책은 세상에 나올 수 없었을 거예요. 할머니는 더 이상 이 세상에서 이 책을 읽을 수 없지만, 박새들이 아직 남아 있습니다. 그리고 마지막으로 기쁨, 끊임없는 영감의 원천, 꼬마 춤꾼, 제 아들에게 고마움을 전합니다. 에르만, 이 책을 너에게 바친다.

옮긴이의 말

이 책을 만난 건 산티아고 순례길 위에서였다. 로그로뇨에서 나헤라까지 가는 구간이었나, 그 전이었나. 순례길을 떠난 지 일주일 정도 지났을 때였던 것 같다. 정확한 여정은 기억나지 않지만, 그날의 기분과 공기에 대해서는 말할 수 있을 것 같다. 유난히 고단했던 걸로 보아 하루 평균 이동 거리보다 조금 많이 걸은 날이었을 것이다. 정수리를 뜨겁게 비추던 해가 점점 등 뒤로 내려가다가 배낭 위에서 길게 떨어지기 시작할 무렵 그날의 목적지 알베르게에 도착했다. 침대를 배정받은 다음 간단한 생활 수칙을 전해 듣고 새벽부터 함께해 온 신발과 양말을 벗고 슬리퍼로 갈아 신었다. 그날 처음으로 태양에 노출된 맨발 끝에서부터 서서히 안도와 평화가 깃들었다. 나는 순례자들이 빨래를 널거나 신발을 말리는 알베르게 마당 한쪽에 놓인 간이 테이블에 앉아서 노트북을 켜고 "이 책이 어떤지 좀 봐 주실래요?"라는 편집자의 말과 함께 이메일로 날아온 PDF 원고를 읽기 시작했다. 첫 페이지에서부터 마음을 툭 건드리는 문장이 있었다. "명상은 눈에 보이는 것과 보이지 않는 것, 물질과 비물질 사이 빈 곳에 위치하는 내면의 운동이므로 이를 이해하기 위해서는 매개 장치가 필요한 법이다. 예술 작품이 바로 그런 역할을 한다."

이 책은 그러니까 명상을, 그중에서도 마음챙김 명상을 '매개'하고 '경험하게' 해 주는 여러 예술 작품에 대해 이야기하고 있다. 명상에 관심 있는 독자라면 마음챙김이라는 말을 한 번쯤 들어 봤을 법하다. 서점의 자기계발이나 명상 서가에서 마음챙김이나 마인드풀니스라는 말이 들어간 책을 어렵지 않게 볼 수 있는 건 프랑스도 한국과 다르지 않다. 그러고 보니 언젠가부터 내가 사는 도시의 명상원에는 '마음챙김' 이라는 수식어가 붙기 시작했다.

뿌리를 따지자면 마음챙김 명상은 고대 인도 언어인 팔리어 사티 sati(알아차림)와 불교의 참선으로 거슬러 올라가야 한다. 사티와 참선은 모두 부처의 깨달음의 얻기 위해 마음과 기억을 모으는 불가의 수행이었다. 1881년 영국에서 출간된 영어 불교 사전에서 사티를 'mindfulness'로 번역했고, 이 영어 단어가 한국에서 '마음챙김'으로 번역된다. 프랑스어로는 pleine conscience(충만한 의식, 자각, 마음)라고 하니 마인드풀니스의 꽤나 충실한 직역인 셈이다. 여기서 중요한 건, 마인드풀니스나 마음챙김이 단순한 번역어의 차원을 넘어선다는 데 있는 것 같다. 불교 용어 사티에서 마인드풀니스, 마음챙김으로 불리기 시작하면서 명상은 이제 세상을 등지고 깊은 암자에 들어가는 참선이 아니라 종교를 떠나 누구나 세상 속에서 할 수 있는, 또는 반드시 생활 속에서, 일상을 위해서 이루어져야만 하는 훈련의 한 방법이 된다. 속세를 떠나기에는 현실적 의무와 욕망이 너무 많은 우리에게는 어떻게든 지금의 생활을 유지하며 마음을 다스려 줄 수단이 필요하다. 또 1980년대부터는 우울증, 스트레스, 심혈관계 질환 등 만성 질환에 시달리는 환자를 위한 치료 수단으로도 활용되고 있는데, 여기에는 인지 행동 치료, 심리 치료 수단으로서 마음챙김 명상 프로그램을 개발하고 이 명상법의 의료화, 대중화에 앞장선 미국의 존 카밧진 박사의 공이 컸음은 물론이다. 그가 마음챙김을 두고 "지금 이 순간을 편견도 비판도 없이 알아차리기"라고 정의할 때 우리는 비로소 이 명상법이 비종교성, 현재성과 순간성, 그리고 일상성에 방점을 찍고 있다는 걸 이해하게 된다. 과거에 대한 집착과 결별하고, 다가오지 않은 미래를 앞질러 걱정할 것이 아니라 지금 여기, 내 앞에 있는 것, 이 순간 내 몸의 움직임과 마음의 흔들림에 주의를 기울일 것. 과거와 미래를 향해 걸핏하면 달아나는 마음을, 정신을 붙들 것, 단 정신이 흩어진다 해도 나무라거나 평가하지 말고 수용할 것. 이것이 마음챙김 명상법의 요지다.

그런데 달아나는 정신을 어떻게 붙들 수 있을까. 한때 신실한 불교 신자였다가 존 카밧진의 제자가 되었고 현재 병원과 학교 등에서 마음챙김 명상을 가르치는 이 책의 저자 수아지크 미슐로는 바로 여기에 착안한다. 제법 그럴싸해 보일지 몰라도 명상은 결코 쉬운 작업이 아니다. 가부좌를 틀고 방석 위에 앉아 있는다고 해서 저절로 이루어지는 것도 아니고. 도움이 될까 싶어 명상 음악을 틀어 봐도 정신은 이내 흐트러지고 생각은 방황한다. 걸핏하면 유목민처럼 떠도는 '마음'을 '챙기기' 위해서는 매개가 필요하다. 그것은 산책일 수도 있고 누군가와 나누는 대화일 수도 있고 독서일 수도 있다. 수아지크의 경우 예술 작품이 그런 역할을 한다. 저자가 하나둘 저장하기 시작했다는 이미지들은 마음챙김 명상이 어떤 과정을 통해 자기 파악과 자기 연민을 거쳐 자신과 타인, 그리고 세상의 수용으로 나아가는지를 보여 줄 뿐 아니라 명상 체험을 돕는 도구로도 등장한다.

가령 조각가 루카 이초의 작품을 통해 수아지크는 타인이 아닌 스스로의 마음을 아주 잠시나마 가만히 응시하는 마음챙김 명상의 기본 생각을 읽어 낸다. 또한 그림틀에서 탈출하는 소년의 그림이나 수수께끼처럼 찍힌 아홉 개의 점을 통해 습관적인 행동을 거부하고 매 순간이 감추고 있는 비밀을 파헤치듯 창의적이고 주체적으로 살아가는 명상인의 자세를 간접적으로 보여 준다. 작가가 내놓는 일련의 그림들을 따라가다 보면, 어느덧 우리는 적어도 그림을 바라보는 순간만큼은 정신을 놓치지 않고 내 마음을 챙기며 주의를 기울이고 있음을 알게 된다.

어쩌면 출퇴근길에 만나는 아무 친분 없는 타인과의 관계보다 나 자신과의 관계가 더 얄팍한 것은 아닌지, 혹시 나는 지나친 과대평가나 과소평가의 대상이 아닌지, 내 마음이 충만한지, 정신을 잘 챙기고 지내는지 그렇지 않은지 아주 잠깐이라도 응시하고 살펴보고 질문을 던지되 대답에 대해서는 비판도 평가도 함부로 던지지 말라고 저자는 권한다. 그런데 하루 단 5분이라도 스스로에게 이런 말을 건네기란 쉽지 않다. 스스로에게 말을 걸기에 우리는 너무 바쁘고 해야 할 일들이 빽빽하게 정해져 있어서 명상을 밀어 넣을 틈이 조금도 없는 탓이다. 그래서 명상의 실천에는 매개가 필요한 것이다. 복잡하고 바쁜 일상과 명상의 세계 사이를 이어 주는 매개. 비록 찰나라 할지라도 명상의 세계로 들어가 헐렁해지거나 너무 팽팽하게 당겨진 우리의 마음을 적당히 조절하게 만드는 매개. 이 책 덕분에 우리는 백 개의 매개를 만나고 백 번 마음을 챙기고 백 번 주의를 기울일 수 있다.

내가 1년에 한 번씩, 여의치 않을 때는 적어도 2년에 한 번씩 여름 방학이 시작될 무렵에 배낭을 꾸려 길을 나서는 건 어떻게든 걷지 않으면 방황하는 마음을 챙길 방법이 떠오르지 않기 때문이다. 스페인의 뜨거운 햇살을 피하기 위해 새벽 네다섯 시에 일어나 이마에 작은 등을 달고 숙소를 나서서 오로지 걷는 동작, 걸으면서 눈에 보이는 것들, 태양의 위치를 온몸으로 가리키는 해바라기에만 집중하다 보면 1년 동안 지치고 사납게 뭉쳐 있던 마음의 멍울이 조금씩 풀린다. 그리고 순례길이 끝날 무렵 마음에는 어느새 리셋 버튼이 눌러져 있다. 걷기가 없었다면 나는 마음을 챙기는 방법을 끝내 알지 못하고 원인을 꼬집어 말할 수조차 없는 분노의 감정들로 무겁고 들뜬 채 또 한 해를 살아야 했을 것이다.

마음이 너무 무거워져서 터지지 않도록, 너무 들떠서 날아가 버리지 않도록 조절해 주고 눌러 주고 챙겨 주는 효과가 걷기에는 있다. 그러므로 걷기는 나와 명상 사이의 매개다. 한 가지에 몰두할 때 마음이 차분해지는 느낌은 누구에게나 찾아온다. 그림도 좋고 음악도 좋고 평소 애정하는 사물도 좋다. 유명한 작가의 작품이 아니어도 좋다. 골똘히, 하지만 집착도 판단도 없이 이 순간의 마음을 응시하는 찰나, 우리는 이미 소리 없이 마음챙김 명상을 겪고 있다.

2023년 9월
프랑스 리옹에서
이현희

도판 저작권

çon, France ⓒ Bridgeman Images ; p. 122(위) ⓒ Vufku/The Kobal Collection/ Aurimages ; p. 122(아래) : ⓒ Shutterstock/Jeremy Reddington ; pp. 126, 130(아래), 132 : ⓒ Courtesy Fabienne Verdier/Adagp, Paris, 2021 ; 128, 130(위) : ⓒ AISA/Leemage ; 136, 138 : Photo ⓒ RMN-Grand Palais (musée de l'Orangerie)/Michel Urtado ; p. 140 : ⓒ Courtesy Conrad Jon Godly ; pp. 142, 244 : ⓒ Courtesy photo by : PEJAC, @ pejac_art ; p. 144 : Nakazora #1025 ⓒ Masao Yamamoto ; p. 148 : ⓒ Photothèque R. Magritte/Adagp Images, Paris, 2021 ; p. 150 : CCO: Reed Collins/CD: Kenny Blumenschein/AD: Marco Sodano ⓒ Ogilvy & Mather Group HK/Client: Hamleys ; p. 152 : ⓒ Alma Haser, 2018 ; p. 154 : ⓒ Courtesy Josh Chalom ; p. 156, 276 : ⓒ Courtesy Nathan Sawaya ; p. 158 : ⓒ Albert Wu ; p. 164 : ⓒ Courtesy Fulvio Rinaldi ; p. 168 : Photo ⓒ Collection Raphaël Gaillarde, Dist. RMN-Grand Palais/Raphaël Gaillarde ; p. 170 : ⓒ Hiroshi Sugimoto, Courtesy Fraenkel Gallery, San Francisco/photography, Courtesy of The Cleveland Museum of Art ; pp. 174, 176: ⓒ Freer Gallery of Art_F1898.110/Washington, DC ; p. 178 : Nakazora74 #1212 ⓒ Masao Yamamoto, 2012 ; p. 180 : ⓒ Hans Namuth/RAPHO ; p. 184, 266 : ⓒ Courtesy Jens Schwarz ; p. 186 : ⓒ Julien Merrow-Smith ; p. 188 : ⓒ Myoung Ho Lee, Courtesy Yossi Milo Gallery, New York ; p. 192 : ⓒ Wolfgang Kaehler/GettyImages ; p. 194 : ⓒ Courtesy Richeldis Fine Art/JR Goodwin, Cloud Play Series ; p. 196 : ⓒ PAPIER/Jiro Taniguchi 1990-1991- BCF ; p. 200 : ⓒ Gerhard Richter 2021 (0047) ; p. 202(위) : photo ⓒ Centre Pompidou, MNAM-CCI, Dist. RMN-Grand Palais/ Georges Meguerditchian/ⓒ Bernard Plossu ; p. 202(아래) : Pittsburgh, Carnegie Museum of Art/ⓒ akgimages/ Erich Lessing ; p. 204 : ⓒ Paul Grand Image/ Getty Images ; p. 206(위) : ⓒ DR ; p. 206(아래) : ⓒ Thomas Colville Fine Art ; p. 208 : ⓒ Courtesy Randall Exon ; p. 210 : ⓒ Courtesy Emil Carlsen Archives New York ; p. 212 : ⓒ Courtesy Sarah Gillespie ; p. 216 : ⓒ National Portrait Gallery, London ; p. 218 : ⓒ Courtesy Michael Pederson ; p. 222 : ⓒ Toshiro Kawase/kogei-seika ; p. 224 : ⓒ Courtesy Siegfried Hansen ; p. 228 : ⓒ DR/ archives privées ; p. 230 : ⓒ Courtesy Yukiko Kuroda ; p. 232 : ⓒ Dream Carver Studio/Michał Karcz ; p. 234 : ⓒ Getty Images ; p. 236 : image ⓒ Courtesy David Zinn, 2013/zinnart.com ; p. 240 : ⓒ Courtesy Oakoak ; p. 246 : ⓒ Courtesy

찾아보기